Alexander D. Myhsok & Anna E. Jäger

Moderieren in Gruppen & Teams

Effektiv und human kommunizieren

Ein Handbuch für Moderation

Ausführliche Informationen zu jedem unserer lieferbaren und geplanten Bücher finden Sie im Internet unter www.junfermann.de. Dort können Sie auch unseren kostenlosen Mail-**Newsletter** abonnieren und sicherstellen, dass Sie alles Wissenswerte über das **JUNFERMANN**-Programm regelmäßig und aktuell erfahren.

Besuchen Sie auch unsere e-Publishing-Plattform www.active-books.de!

Eine Auswahl von e-Books bei www.active-books.de:

Kreyenberg, Jutta: „Praxisberatung – der rote Faden" (kostenlos)
Mohr, Günther: „Führungskräfte-Supervision" (kostenlos)
Müller, Ulrike: „Der Begriff »Das Unbewusste« bei Eric Berne" (kostenlos)
Schlegel, Leonhard: „Verfahren kognitiver Psychotherapie im Vergleich mit in der transaktionsanalytischen Praxis gebräuchlichen Verfahren" (kostenlos)
Schlegel, Leonhard: „Was ist Transaktionsanalyse?" (kostenlos)

Alexander D. Myhsok & Anna E. Jäger

Moderieren in Gruppen & Teams

Effektiv und human kommunizieren

Ein Handbuch für Moderation

Junfermann Verlag • Paderborn
2008

Covergestaltung/Reihenentwurf: Christian Tschepp

Dieses Buch ist eine überarbeitete Neuauflage von „Mehr Erfolg mit Moderation" (OWB 1999).

Satz: JUNFERMANN Druck & Service, Paderborn

Bibliographische Information der Deutschen Bibliothek
Die Deutsche Bibliothek verzeichnet diese Publikation in der Deutschen Nationalbibliographie; detaillierte bibliographische Daten sind im Internet über http://dnb.ddb.de abrufbar.

ISBN 978-3-87387-690-3

Inhalt

Einleitung

Liebe Leserin, lieber Leser,

ich stelle mir vor, Sie leiten Gespräche in Gruppen, Teams, Sitzungen oder Sie sind Teilnehmer/in. Sie erleben dabei, wie Gesprächsbeiträge zwischen den Teilnehmern hin und her wechseln. Sie erleben – unabhängig von der Art des Gesprächs und der Qualität des Ergebnisses – eine Kommunikation, die auf mehreren Kanälen läuft mit einem ständigen Rollenwechsel zwischen Sprechern und Hörern. Sie erleben also eine sogenannte „Mehr-Weg-Kommunikation".

Fragen stellen, Inhalte mit Ihren Erfahrungen vergleichen – das belebt den Umgang mit diesem Handbuch.

Im Unterschied dazu kennt dieses Buch nur einen Weg, den des geschriebenen Wortes zu Ihnen, also eine Ein-Weg-Kommunikation. Wie Sie auf das Geschriebene reagieren, wie Sie den Inhalt mit Ihren Erfahrungen vergleichen, wie und wo Sie Fragen stellen oder anderer Meinung sind – all das erfahren wir als Schreibende nicht. Schade, lässt sich aber beim Medium Buch nicht ändern. Wir möchten dennoch versuchen, soweit es möglich ist, ...

Im Dialog mit Ihnen

... die Frage anzugehen, wie sich Moderation erfolgreicher gestalten lässt. Fangen wir gleich mit dem Dialog an.

Überlegen Sie einmal:

Wo erleben Sie als Teilnehmer oder Teilnehmerin Gespräche? Wo leiten Sie selbst
- ➜ *Teams, Besprechungen – beruflich, ehrenamtlich, z.B. ...*
- ➜ *als Abteilungsleiter/in*
- ➜ *als Projektleiter/in*
- ➜ *als Vorsitzende/r eines Vereins*

Welche Erfahrungen fallen Ihnen spontan ein, positive wie negative, z.B.:
- ➜ *„Wir brauchen immer mehr Zeit als eingeplant."*
- ➜ *„Wir kommen häufig zu keinem Ergebnis."*
- ➜ *„Wir ..."*

Mit welchen Fragen gehen Sie an die Lektüre dieses Buches heran? Z.B.:
- *„Was darf ich als Moderator/in tun, was nicht?“*
- *„Wie kann ich moderieren, ohne zu beeinflussen?“*
- *„Wie ... “*

Zu den Leitgedanken des Handbuches

gehört, dass es
- Effektivität und ein gutes Arbeitsklima als gleichwertige Ziele einer gelungenen Moderation betrachtet,
- einen gleichermaßen zielorientierten wie partnerschaftlichen Ansatz vertritt,
- hierfür viele Anregungen und Instrumente bietet, die sich in der Praxis bewährt haben,
- zu Grunde liegende Konzepte und Theorien knapp und verständlich präsentiert, mit einem besonderen Blick auf Kommunikationsmodelle der Transaktionsanalyse,
- sich insgesamt eignet zum Nachschlagen in konkreten Situationen, aber auch zum systematischen Einarbeiten und Vertiefen in Moderation und Gesprächsleitung.

Zum Aufbau

1. Trotz Praxisorientierung ist es notwendig, einleitend ein **gemeinsames Verständnis von Moderation** und von anderen für die Gesprächsleitung wichtigen Begriffen zugrunde zu legen. (Die Kommunikationsforschung geht davon aus, dass bis zu 80 % der Konflikte in Gesprächen auf Missverständnissen beruhen, die wiederum auf unterschiedliche Begriffsvorstellungen und -definitionen zurückzuführen sind.)

2. Der zweite Teil des Buches befasst sich vor allem mit dem **Rollenverständnis von Moderator/inn/en.** Generell, aber auch differenziert nach den unterschiedlichen Gesprächsformen, werden die Rollenanforderungen beschrieben. Ein Reibungspunkt ist immer wieder die Doppelrolle von moderierenden Chefs und Chefinnen.

   Ein besonderes Augenmerk richten wir auf **Frauen als Moderatorinnen**. Die übliche Floskel, mit der männlichen Form „Moderator“ sei selbstverständlich auch die moderierende Frau gemeint, hielten wir für nicht angemessen. Männer sollten sich an dieser Stelle einmal vorstellen, wie es für sie wäre, wenn im ganzen Buch nur von Moderatorinnen die Rede wäre, jedoch nie von Moderatoren. Umgekehrt ist das die Situation, die Frauen üblicherweise erleben. In diesem Buch wird deshalb die manchmal etwas holperige, aber angemessene männliche und weibliche Form verwendet.

3. Es folgen die für jede Gesprächsleitung und Moderation geltenden **Grundregeln** für die Vorbereitung und Durchführung, einschließlich des Einsatzes von Moderationsmethoden, Moderationsmaterial und Elementen der Visualisierung.

4. Die anschließenden Bausteine sind auf **typische Gruppensituationen** abgestimmt und unterbreiten zahlreiche Anregungen – angefangen von der Aktivierung bis hin zur Konfliktklärung in Gruppen.

5. **Wichtige Anwendungsgebiete der Moderation** – wie Mitarbeiterbesprechungen, Sitzungsleitung, Workshops, Konfliktmoderation – werden im letzten Hauptteil des Buches mit Vorschlägen verbunden, wie sich Abläufe strukturieren lassen und wie sich die Effektivität erhöhen lässt.

Die einzelnen Kapitel sind durchaus unterschiedlich aufgebaut. Öfter können Sie jedoch diese Grundstruktur antreffen:

- ➜ *Impulse, die Sie an Ihre Erfahrungen und Praxis erinnern sollen (kursiv gedruckt)*
- ➜ Hinweise zur praktischen Durchführung, einschließlich Arbeitsblättern, die Sie als Kopiervorlagen benützen können
- ➜ einen „Hintergrund", mit Verweisen auf zugrunde liegende theoretische Annahmen oder weiterführende Literatur

„Ein Fehler ist ein Ereignis, dessen großer Nutzen sich noch nicht zu deinem Vorteil ausgewirkt hat" (zit. in *Senge* 1996, S.189).

Das Medium Buch, selbst wenn es auf die Praxis abgestellt ist, kann nicht alles leisten. Wenn Sie „mehr" brauchen, z.B. die Aufarbeitung konkreter Erfahrungen oder Rückmeldungen zu Ihrem Leitungsverhalten oder praktisches Erproben neuer Verhaltensweisen und Techniken in der Moderation, dann könnte es an der Zeit sein, ein Moderationstraining zu besuchen.

Anstöße zu diesem Buch,

beziehungsweise zu seinem Vorläufer, gaben die Oberschwäbischen Werkstätten für Behinderte (OWB) gGmbH, Ravensburg. Die OWB stellen seit vielen Jahren Moderationsmaterial her, das den Käufern außer preiswerter Qualität auch das gute Gefühl vermittelt, dass sie eine Behinderteneinrichtung unterstützen, die in der Produktion und Organisation neue Wege geht.

Der eigentliche Anlass waren und sind jahrelange berufliche Erfahrungen in der Moderation von Teams, Sitzungen, Besprechungen, Konferenzen aller Art und Größenordnung – aber auch frustrierende Erlebnisse als Teilnehmer und Teilnehmerin. Sie haben Alexander D. Myhsok veranlasst, den Erfolg beziehungsweise Misserfolg von Gesprächsgruppen in Organisationen zu untersuchen und als Dissertation an der Universität Konstanz bei Professor Horst Baier einzureichen und sie zu veröffentlichen. Ein großer Lehrmeister war für uns Herbert Leger aus Staufen bei Freiburg mit seiner 35-jährigen Erfahrung als Unternehmensberater und Trainer.

Bilder – Vorstellungen – Definitionen

Wir machen uns Bilder von den Dingen, mit denen wir es zu tun haben – in unserem Fall Vorstellungen von Moderation, von Gruppen bzw. Teams und ihrer Effektivität, von Führung und Organisation. Diese Bilder unterscheiden sich aufgrund unserer jeweiligen Erfahrung. Die folgenden Begriffsbestimmungen sollen eine gemeinsame Grundlage sein für das Weiterlesen in und das Weiterarbeiten mit diesem Handbuch.

Wenn Sie lieber gleich ganz praktisch einsteigen wollen, dann beginnen Sie mit dem Kapitel „Rolle und Aufgaben eines Moderators, einer Moderatorin". Vielleicht treffen wir uns später dort wieder.

Moderation

Wenn von Moderation die Rede ist, dann denken viele Menschen spontan an Fernsehsendungen. Moderation in den Medien ist jedoch eine journalistische Sonderform, die mit der Gesprächsleitung, wie wir sie in diesem Buch verstehen, wenig zu tun hat und die oft sogar ein falsches Bild vermittelt. Was ist Moderation, was sind ihre Wurzeln, was trägt sie, wo wird sie eingesetzt?

Ich habe die Wurzeln, die tragenden Prinzipien (Stamm) und die sich mehr und mehr verzweigenden Anwendungsgebiete in das Bild eines Baumes gebracht, das Bild des Moderationsbaumes, der weiter wächst, sich weiterentwickelt.

Moderator/inn/en sind Fachmänner und Fachfrauen für Abläufe, Wege und Prozesse in Gruppen – und keine Fachleute für Inhalte. Sie helfen Gruppen und Teams, zu entdecken und zu verwirklichen, was in ihnen steckt. Sie haben eine „Hebammen"-Funktion.

- Eine kraftvolle Wurzel des heutigen Moderationsverständnisses liegt in der **Forderung nach mehr Mitbeteiligung und Mitbestimmung** in allen gesellschaftlichen Bereichen und Gruppierungen – eine Forderung, die in der Bundesrepublik in der Zeit nach den Studentenunruhen Ende der sechziger Jahre des letzten Jahrhunderts immer vehementer erhoben wurde.
- Parallel dazu wuchs die Unzufriedenheit mit Gesprächsstrukturen und -abläufen, bei denen Leiter (die weibliche Form „Leiterin" ist hier wirklich nicht angebracht, da es sich damals fast ausschließlich um Männer handelte) ihre Rolle so verstanden, dass sie den Teams und Gruppen sagten, wo es langgeht. Ein **neues Leitungsverständnis** entwickelte sich (s. „Führung", S. 16) auf der Basis neuer Wertvorstellungen.
- Eine weitere Wurzel liegt in der Erkenntnis, dass Gruppen und Organisationen keine statischen, sondern **lebendige Soziale Systeme** sind, also Systeme, die sich verändern. Veränderungsprozesse lassen sich planen und beeinflussen (s. „Organisation", S. 17).

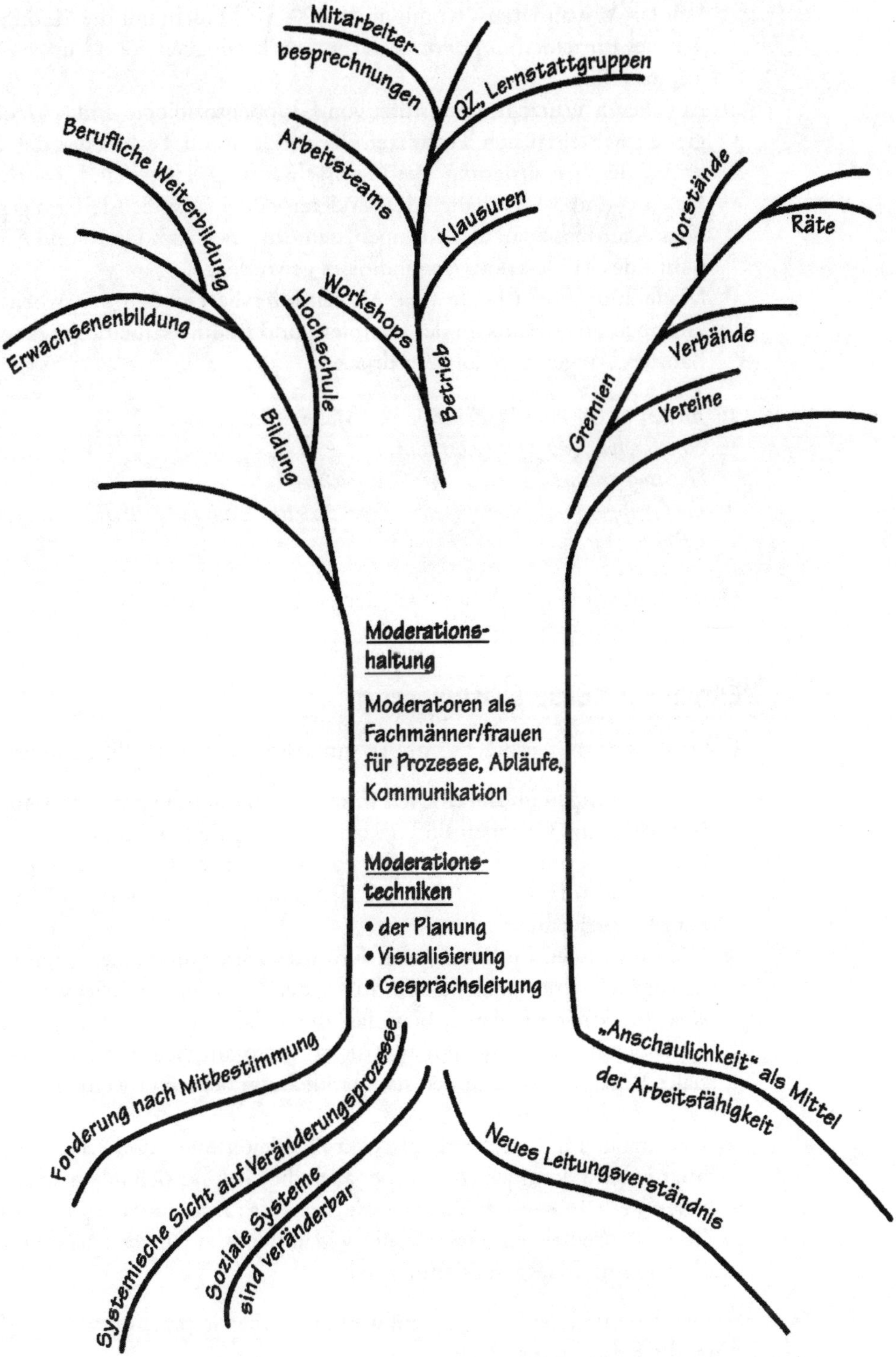
Mitarbeiter-
besprechungen
QZ, Lernstattgruppen
Arbeitsteams
Klausuren
Workshops
Betrieb
Berufliche Weiterbildung
Erwachsenenbildung
Hochschule
Bildung
Vorstände
Räte
Verbände
Vereine
Gremien
Moderations-
haltung
Moderatoren als
Fachmänner/frauen
für Prozesse, Abläufe,
Kommunikation
Moderations-
techniken
• der Planung
• Visualisierung
• Gesprächsleitung
Forderung nach Mitbestimmung
Systemische Sicht auf Veränderungsprozesse
Soziale Systeme
sind veränderbar
Neues Leitungsverständnis
„Anschaulichkeit" als Mittel
der Arbeitsfähigkeit

- Aus der Kommunikationsforschung kam der Hinweis, dass **Anschaulichkeit** (s. „Visualisieren – womit und wie?“, S. 65) nicht nur die Merkfähigkeit des Einzelnen, sondern auch die Arbeitsfähigkeit von Gruppen und Teams erhöht.
- Aus diesen Wurzeln, unterstützt von Gruppensoziologie und -psychologie, entwickelten sich Techniken der Moderation: **Techniken der Planung**, der Visualisierung, der Gesprächsleitung. Heute sind jedoch die Haltung und das Verhalten des Moderators/der Gesprächsleiterin gegenüber den Menschen, den Gruppen, den Aufgaben zum Dreh- und Angelpunkt des Moderationsverständnisses geworden.
- Moderation findet heute viele **Anwendungsbereiche** in der Arbeit mit Gruppen und Teams, in der Gremien- und Bildungsarbeit. Die Äste des Baumes bringen dies zum Ausdruck.

Wann halten Sie eine Moderation für erfolgreich? Wenn ...
- *eine Sachaufgabe gut gelöst wurde?*
- *ein angenehmes Klima in der Gruppe besteht?*
- *die Gruppenmitglieder mit dem Ergebnis zufrieden sind und sich damit identifizieren?*

Damit sind wir bei der Frage nach der Leistung und der

Effizienz von Gesprächsgruppen

Die Leistung von Gesprächsgruppen umfasst immer zwei Dimensionen:

- **Die Leistungen im Bereich der inhaltlichen oder thematischen Aufgabenerfüllung.** Gruppen sind bei der Erfüllung ihrer Sachaufgaben effektiv, wenn sie im Rahmen der ihnen zugewiesenen Grundfunktion ihre konkreten Aufgaben erfüllen und den jeweiligen Beratungspunkt zu einem Endziel führen.
- **Die Leistungen im Bereich der Gruppenatmosphäre**, die sich mit den sozialen und emotionalen Bedürfnissen der Gruppenmitglieder verbinden lässt. Effektivität bedeutet hier, dass die sozialen Motive (Beweggründe) der Menschen nach Sicherheit, sozialer Akzeptanz, Selbstbestätigung, sozialer Repräsentanz und Selbstverwirklichung befriedigt werden.

Was ist daran für Ihre Praxis als Gesprächsleiterinnen und Moderatoren wichtig? Es geht darum, dass Sie, aber auch die Gruppe, sich in einem ausgewogenen Verhältnis auf die zu leistende Sachaufgabe *und* auf ein gutes Gruppenklima konzentrieren. Das sind die beiden Beine, auf denen eine gekonnte Moderation und Gesprächsleitung steht.

Wir wollen nun einen Blick darauf werfen, ob die Gesprächsgruppe, die Sitzung, die Sie moderieren, als

Gruppe oder Team

bezeichnet werden kann. Von einer Gruppe im eigentlichen Sinn sprechen wir, wenn

- ihre **Mitgliederzahl** auf maximal 15 bis 20 begrenzt ist und zwar aufgrund der Bedingungen, die sich aus der Interaktion, der Funktionserfüllung und der Zeitökonomie in der Gruppe ergeben: Mehr Menschen können in begrenzter Zeit kaum sinnvoll miteinander kommunizieren und arbeiten.
- sich ein Wir-Gefühl der **Gruppenzusammengehörigkeit** und -zugehörigkeit entwickelt hat oder entwickeln kann, das auf Dauerhaftigkeit angelegt ist. Dies bedingt – neben anderen Kriterien – eine Mindestzahl von Begegnungen.
- gemeinsame Normen und Wertvorstellungen vorhanden sind.
- die **Mitgliederbeziehungen** direkt, offen, nicht nur zweckorientiert, sondern auch „diffus" sind. Das bedeutet: Man redet nicht nur über die offiziell zu behandelnden Themen, sondern – außerhalb der Tagesordnung – auch von sich, über Privates, vielleicht sogar über Nebensächliches. Das sind dann Dinge, die die Gruppe zusammenhalten können, ihr oft sogar die Kraft geben, die Sachaufgaben zu erfüllen (Neidhardt 1980, S. 150).

Das Urbild einer Gruppe ist die Familie. Das Bild von einem Team hat dagegen einen anderen Ursprung:

- Teams entstehen im Kontext von Organisationen, tragen also etwas zweckrationales in sich.
- Sie sind Ausdruck von Arbeitsteiligkeit und benötigen deshalb eine klare Position und Funktionszuweisung.
- Sie orientieren sich auf ein in der Regel vorgegebenes Arbeitsziel hin.
- Sie haben sich Regeln für eine gelingende Zusammenarbeit gegeben (an Stelle des diffusen Wir-Gefühls einer Gruppe).

Wozu die Unterscheidung „Gruppe/Team" – „andere soziale Systeme"?

Ob Team oder Mitarbeiterbesprechung, Sitzung oder Diskussionsgruppe, Beirat oder Vorstand: Nicht die verwendeten Begriffe sind entscheidend. Es kommt vielmehr darauf an, welche Konsequenzen sich daraus ergeben, ob es sich um eine Gruppe bzw. Team oder um ein anderes soziales System handelt. Wenn sich beispielsweise ein Vorstand oder Beirat nur dreimal im Jahr trifft, dann werden die Beziehungen untereinander formal geprägt sein, es werden keine oder wenig gemeinsame Normen und Werte entstehen, kein Wir-Gefühl der Gruppenzusammengehörigkeit, keine direkten, offenen, („diffusen") Mitgliederbeziehungen. Wir können hier nicht von einer Gruppe sprechen. Soziale Systeme dieser „anderen Art" werden – und müssen – oft an Stelle eines Wir-Gefühls Fraktionsbildungen entwickeln. Ergebnisse werden nicht durch Konsens, sondern über Abstimmungen erzielt, Gesprächsabläufe sind

Moderation von Gruppen und Teams einerseits – von Sitzungen andererseits: Wo liegt da der Unterschied?

formalisiert – Geschäftsordnungsanträge sind typisch hierfür – und als Gesprächsform wird die Diskussion gewählt. Moderation läuft – im Gegensatz zum eben beschriebenen – anders. Wie genau, wird sich in den verschiedenen Kapiteln dieses Buches – u.a. in denen über Gesprächsformen und die Leitung von Sitzungen und Konferenzen – klären.

Leitung, Führung

Das Grundverständnis von Gesprächsleitung und eine Moderations-Philosophie hängen entscheidend vom jeweiligen Führungsverständnis in einer Organisation ab – und Führungsverständnis entwickelt sich im Zusammenhang mit dem jeweiligen Wertewandel in der Gesellschaft und dem vorherrschenden Menschenbild. Der Wertewandlungsschub der 1960er- und 1970er-Jahre wirkt sich erst heute im Verständnis von Führung aus.

Dabei ist Selbstverwirklichung ein Wert, den viele Menschen hoch einstufen, verbinden sie ihn doch eng mit dem Ausmaß des Handlungsspielraums, den sie nach ihrer eigenen Wahrnehmung im Arbeitsleben, aber auch in der Freizeit besitzen. Der einzelne Mensch erwartet „von seiner gesamten gesellschaftlichen Umwelt – und das heißt: auch von der Arbeit – heutzutage mehr Chancen (...), sich selbst mit seinem je eigenen Persönlichkeitspotential einbringen zu können und als Person ernst genommen, angenommen, einbezogen und anerkannt zu werden" (Klages 1988, S. 108). Dies erfordert einen entsprechenden Führungsstil.

Kälin & Müri (1995, S. 112-130) unterscheiden drei große Epochen des Führungsstils, entsprechend dem jeweils vorherrschenden Menschenbild:

kommandieren
kontrollieren
korrigieren

- **Feudales Führungsverständnis (3 K)**, mit dem Prinzip der Ein- und Unterordnung, stark geprägt vom militärischen Denken der ersten Hälfte des 20. Jahrhunderts. Es herrscht die Auffassung von Mitarbeiter „funktionieren", sie haben kein eigenes Denk- und Urteilsvermögen. Die drei „K" benennen die geltenden Führungsfunktionen: kommandieren, kontrollieren, korrigieren.

fordern
fördern
Feedback geben

- **Kooperative Epoche (3 F)** mit einem situativen Ansatz, der Mitarbeiter und Leistung gleichermaßen betont. Der Mensch wird verstanden als ein aktives, leistungswilliges und verantwortungsfähiges Wesen. Die kooperative Epoche in der Mitarbeiterführung – etwa ab Mitte des 20. Jahrhunderts – lässt sich kennzeichnen durch die drei „F": fordern, fördern, Feedback geben.

systemisches
Denken
Sinnorientierung
Selbstorganisation

- **Neuzeitliche Epoche mit dem neuen 3-K-Stil bzw. 3-S-Stil**: Führung wird vor allem als Wirkungsbereich der zwischenmenschlichen Bezüge verstanden. Die Stichworte des neuen vernetzten Führungsdenkens lauten hier: Kontext beachten (Störungen sind nicht nur dem Einzelnen oder einzelnen Situationen anzulasten, sondern haben etwas mit dem gesamten System, der ganzen Gruppe oder Organisation zu tun); Kultur fördern („vom Faktendenken zum Wertedenken"); Kräfte entwickeln („Selbstheilungskräfte" – relativieren auch in Organisationen ein steuerndes, kontrollierendes, kommandierendes, korrigierendes Eingreifen). Wir könnten diese Epoche auch mit „3 S" bezeichnen: systemisches Denken, Sinnorientierung, Selbstorganisation.

Organisation

Besser, eine Organisation hat hohe Erwartungen an ein Team, als es spüren zu lassen: „Es ist nicht so wichtig, was bei Ihnen erarbeitet wird."

Wer sich mit Moderation beschäftigt, sollte auch einen Blick auf die Organisation werfen, in deren Rahmen eine Gesprächsgruppe arbeitet und Leistungen bringen soll. In einer Untersuchung über die Effektivität realer Gesprächsgruppen (Myhsok 1993) war herauszufinden, dass unter der Vielzahl von Einflussfaktoren vorrangig zwei hervorstechen, von denen die Qualität der Gruppenleistungen abhängt: Neben den Moderator/inn/en sind es die jeweiligen Organisationen selbst. Worin besteht deren Einfluss?

- Organisationen haben Erwartungen und stellen generelle Anforderungen an die Leistungen der Gesprächsgruppen und Teams: Sie sollen – im Interesse der Organisation – Ideen und Vorschläge sammeln, Beschlüsse im Rahmen der Organisationsziele fassen, Zufriedenheit und Motivation des Einzelnen herstellen, erhalten oder verstärken.
- Sie bestimmen über die Ressourcen, die einer Gruppe zur Verfügung stehen, insbesondere über Geld und Zeit.
- Sie legen für eine Gesprächsgruppe entscheidende Rahmenbedingungen fest: die generelle Zuständigkeit und jeweilige Aufgabenstellung der Gruppe, die Positionsbestimmung des Leiters, Gruppengröße; Anzahl der Zusammenkünfte.

Organisationen üben in dieser Hinsicht einen positiven Einfluss aus, wenn sie

- die Funktion einer Gruppe bzw. die eines Teams klar bestimmen,
- hohe Erwartungen an die Gruppe und ihre Leistungen haben,
- der Gesprächsgruppe einen hohen Grad an Mitbestimmung und Partizipation einräumen.

Darüber hinaus steckt die Organisation mit ihrem Organisationsziel und -zweck, ihrem Menschenbild und Führungsstil den Rahmen ab für das Handeln von Gesprächsgruppen und Gesprächsleiter/inne/n. Es leuchtet ein, dass noch so schöne Strukturen der Partizipation nicht zum Tragen kommen, wenn die Kultur einer Organisation hierarchisch oder autoritär geprägt ist. Noch einen Schritt weiter: In Zeiten einer Hierarchie- und Organisationskrise steht eine Organisation in einem systematischen Widerspruch zur Gruppe und wird zu ihrem „permanenten Außenfeind". „Durch das übergeordnete Gemeinsame wirken Organisationen auf Gruppen permanent störend, manchmal sogar zerstörend. Vom Binnenleben der Gruppe her sind Organisationen daher emotional negativ besetzt" (Heintel & Krainz 1988, S.73f.).

Eine Zwischenfrage: Wie wird in Ihrem Team über Ihre Organisation geredet?

Nun ist die Beziehung zwischen einer Organisation und ihren Gruppen und Teams keine Einbahnstraße. Organisationen können und müssen sich verändern, wenn sie überleben wollen. Eine aktuelle Anforderung an sie lautet deshalb, sie müssten zu „lernenden Organisationen" werden. Gruppen und einzelne Mitarbeiter/Mitglieder, vor allem solche, die sich weiterbilden, sind Impulsgeber dafür. (Peter Senge nennt als Teildisziplinen einer lernenden Organisation u.a. Team-Lernen und Personal Mastery.)

„Wer sind die ‚geborenen Führer' einer lernenden Organisation? Die Lernenden." – *Peter Senge* (1996, S. 435)

Diskussion oder Dialog?

Eine in den 1990er-Jahren begonnene Entwicklung in der Arbeit mit Gruppen und Organisationen hebt auf die Unterscheidung von Diskussion einerseits und Dialog andererseits ab. In dem griechischen Wort dialogos stecken die Begriffe logos (= Wort, Sinn des Wortes) und dia (= durch). Dialog vermittelt also das Bild: Es fließt etwas hin und her und durch jeden Einzelnen hindurch. Zwischen Personen und in Gruppen kommt etwas zum Fließen – ein schöpferischer Prozess, in dem ein ganz neues Verständnis auftauchen kann.

Diskussion bedeutet demgegenüber das Zerlegen von Dingen und Gesprächsgegenständen. „Es betont die Idee von Analyse, wo es viele Standpunkte geben kann und wo jeder einen anderen präsentiert – analysierend und zerlegend. Das ist natürlich nützlich, aber hat seine Grenzen dort, wo wir über die Verschiedenheit unserer Standpunkte hinausgehen wollen. Diskussion ist fast wie ein Tischtennisspiel, bei dem man die Ideen hin und her schlägt und damit versucht, zu gewinnen oder Punkte für sich selbst zu sammeln" (Mandl 1996, S. 34). Und wo es Gewinner gibt, finden sich auch Verlierer. Verlierer aber ziehen sich zurück, sind in einem Team nicht oder wenig bereit, die von anderen durchgesetzten Beschlüsse, Maßnahmen, Aktionen mitzutragen. Die ursprünglichen Gewinner stehen alleine da – und werden letztlich ebenfalls zu Verlierern.

Im Gegensatz dazu will Dialog eine Situation herbeiführen, die man als „gewinnen-gewinnen" bezeichnen kann. Mandl (1996, S. 34f.) lässt David Bohm, einen Vater des heutigen Dialogverständnisses, in einem fiktiven Dialog sagen: „Die Absicht von Dialog besteht nicht darin, Dinge zu analysieren oder einen Streit zu gewinnen oder Meinungen auszutauschen. Vielmehr geht es darum, Ihre Meinungen auszusetzen und sie anzuschauen – jedes einzelnen Meinung anzuhören, sie in der Schwebe zu halten und dann zu schauen, was das alles bedeutet. Wenn wir sehen können, was alle unsere Meinungen bedeuten, dann haben wir am gemeinsamen Inhalt teil, auch wenn wir nicht gänzlich übereinstimmen. Es mag sich herausstellen, dass die Meinungen nicht wirklich wichtig sind – sie sind sowieso alles Annahmen. Und wenn wir sie alle anschauen, dann können wir uns vielleicht schöpferischer in eine neue Richtung weiterbewegen. Wir können gemeinsam die Meinungen wertschätzen, und daraus taucht – ganz unangekündigt – Wahrheit auf, ohne dass wir sie ausgewählt hätten.“ Zwischen Teammitgliedern, die einen Dialog pflegen, entwickelt sich nach und nach ein tiefes Vertrauen, das auch den Stil einer Diskussion verändert.

„Das weitaus meiste von allem, was sich heute unter Menschen Gespräch nennt, wäre richtiger, in einem genauen Sinn, als Gerede zu bezeichnen. Die Hauptvoraussetzung zur Entstehung eines echten Gesprächs ist, dass jeder seinen Partner als diesen, als eben diesen Menschen meint“
– *Martin Buber*

Diskussion ist ein weit verbreiteter Gesprächstypus in unseren Organisationen und Gruppen. Diskussionen führen oft zu Abstimmungen – mit dem Nachteil, dass die Unterlegenen sich innerlich zurückziehen oder wenig motiviert sind, sich an der Durchführung des Beschlusses zu beteiligen. Diskussionen können durchaus auch zum „einkreisenden Konsens“ führen, der nach einem gemeinsamen Nenner in den Beiträgen sucht, nach einer gemeinsamen (Minimal-)Basis, auf die sich alle einigen können.

Dialog hingegen zielt auf den „ausweitenden“ Konsenstyp ab. Er lässt sich von dem Gedanken leiten, dass jeder seine, jede ihre Sicht der Realität hat – und dass diese individuellen Ansichten einen ganz neuen Blick auf eine neue, größere Realität öffnen.

„Wenn ich die Welt ‚mit Ihren Augen‘ sehe, und Sie die Welt mit ‚meinen Augen‘ sehen, werden wir beide etwas erkennen, das wir allein niemals entdeckt hätten.“
– *Peter Senge* (1996, S. 302)

Der Dialog-Ansatz steckt noch in der praktischen Erprobungsphase. Es gibt Unternehmen, vor allem in den USA, die bereits mit ihm arbeiten. Doch inwieweit kann er Ihnen nützen? Zum einen lohnt es sich, wach zu sein für diesen Ansatz, weil er neuen Wertvorstellungen in unserer Gesellschaft entspricht. Zum anderen können Sie als Moderator/in auf die dem Dialog-Prinzip zugrunde liegenden Haltungen hinweisen und sie in Ihrem Moderatorenverhalten praktizieren. Oder Sie versuchen es einmal mit der Gesprächsform Dialog (s. Kapitel „Gesprächsformen“, S. 35).

Hintergründe und theoretische Ansätze

Moderation:
Eine Schilderung, wie es zur Moderationsmethode kam, finden Sie bei Klebert, Schrader & Straub (1987, S. 7-13), den Miterfindern dieses Ansatzes. Ziele und Zwecke der Moderation sind auch bei Böning (1990, S. 13-17) gut erläutert.

Effizienz von Gesprächsgruppen:
Begriff und Hintergründe von Gruppenleistungen sind in meiner Dissertation dargestellt (Myhsok 1993, S. 56-68; 157f.). Die Arbeit untersucht auf empirischer und theoretischer Grundlage, von welchen Faktoren die Effizienz von Gesprächsgruppen in Organisationen abhängt.

Gruppe:
Die Literatur über das soziale System Gruppe füllt Bücherwände. Ich halte das soziologische Konzept von Neidhardt (1979, 1980) für hilfreich. Gruppendynamische Aspekte enthält das neue Werk von König, „Macht in Gruppen" (1998).

Führung, Leitung

1. Böning (1994, S. 17f.) zählt vier Elemente eines anderen Menschenbildes auf, das der Moderation als „Philosophie" zugrunde liegt und gleichzeitig auch durch richtig angewendete Moderation verstärkt wird:
   - Prinzip der Eigenverantwortlichkeit
   - Prinzip der Gleichberechtigung
   - Prinzip der Handlungsorientierung
   - Prinzip der Ganzheit

   Aus diesen vier am Individuum ausgerichteten Prinzipien der Humanistischen Psychologie leitet Böning sechs Leitlinien für den Umgang in Gruppen ab:
   - Demokratie
   - Toleranz
   - Souveränität nach außen
   - Transparenz nach innen
   - Effizienz
   - Homogenität

2. Mit Gewinn liest sich „Führen mit Kopf und Herz" von Kälin & Müri (1995), in dem auch der Wandel des Führungsverständnisses von „3K" über „3F" zu „3K neu" entfaltet wird. Pechtl (1995) beschreibt sehr eindrücklich, welche Verhaltensweisen (nicht nur) Führungspersonen brauchen, „um in einer konstruktiv zusammenlebenden Gemeinschaft wirkungsvoll, erfolgreich und überzeugend zu sein" (S. 195).

Organisation
ist ein zu weites Feld, um hier Lesehinweise geben zu können – mit einer Ausnahme: Wer sich für Fragen der Organisationsentwicklung interessiert, dem und der rate ich zu „OE-Prozesse. Die Prinzipien systemischer Organisationsentwicklung" von Baumgartner et al. (1995, 4. Aufl.). Sie erfahren systematisch und systemisch-orientiert u.a etwas über die sieben Wesenselemente einer Organisation; über Merkmale und Unterschiede von Dienstleistungs-, Produkt- und schöpferischen Organisationen und ihren jeweiligen Anforderungen; über Entwicklungsphasen einer Organisation. (Denkt man in Ihrer Dienstleistungsorganisation z.B. darüber nach, dass das Produkt Dienstleistung nicht auf Vorrat produziert werden kann, sondern im Moment der Begegnung zwischen einem Kunden und einem Mitarbeiter entsteht? In einem Telefonat, einer Handreichung z.B., dass das Produkt damit abhängig ist von der Qualität der Begegnung, die wiederum abhängt vom internen Klima des Unternehmens ...?!)

Dialog:
Dialog wurde in den 1980er-Jahren von Daniel Bohm (1998) entwickelt bzw. wiederentdeckt. Der Physiker und Schüler von Albert Einstein hatte viele Male die Erfahrung gemacht, dass Diskussionen häufig nicht Verständigung hervorbringen, sondern zu Abgrenzungen führen. Deshalb initiierte Bohm, der sich für ein neues und ganzheitliches Weltbild einsetzte, weltweit Dialoggruppen mit 15 bis 40 Teilnehmerinnen verschiedenster Herkunft. Die Bedeutung eines wirklichen Dialogs wurde schon viel früher von

dem Philosoph Martin Buber erkannt und beschrieben. In den letzten Jahren hat vor allem Peter Senge (1996) die Ideen von Bohm aufgegriffen und mit Teams im Rahmen von Projekten der Organisationsentwicklung umgesetzt.

Ein Praxis- und Erfahrungsbuch für bewusst angelegte Dialoge und für Dialoggruppen ist: „Miteinander denken. Das Geheimnis des Dialogs" der Erwachsenenbildner M. & J. Hartkemeyer und des Unternehmensberaters L. Freeman Dhority (1998).

Teil I: Grundverständnis von Moderation

Rolle und Aufgabe eines Moderators, einer Moderatorin: Was tun, was besser nicht?

Viele Gesprächsleiter und Moderatorinnen werden am Anfang ihrer Tätigkeit von ähnlichen Fragen oder Zweifeln geplagt:

- *„Soll ich mich inhaltlich einbringen – oder muss ich mich neutral verhalten?"*
- *„Wer bestimmt, wie wir im Gesprächsablauf vorgehen?"*
- *„Bin ich dafür verantwortlich, dass wir vorankommen?"*
- *„Bin ich für das Ergebnis verantwortlich?"*
- *„Was ist überhaupt meine Aufgabe – und was nicht?"*

Wie ist es bei Ihnen? Gehen Ihnen diese oder andere Gedanken, die sich mit Ihrer Rolle und Aufgabe als Moderator, Gesprächsleiterin beschäftigen, auch durch den Kopf?

Grundverständnis von Gesprächsgruppen, von Rolle und Aufgaben der Gesprächsleitung

Dieses Kapitel will Sie anregen, sich mit Rollen und Aufgaben der Gesprächsleitung auseinanderzusetzen, die wiederum mit dem Grundverständnis von Gesprächsgruppen zusammenhängen. Dazu folgende grafische Darstellung mit anschließenden Erläuterungen. (Sie gelten für „Arbeitsgespräche". Was bei anderen Gesprächsformen anders ist, können Sie dem Kapitel „Teilnehmer- und zielorientierte Gesprächsleitung ..." [S. 35] entnehmen).

Gruppe
Team

hat **zwei Funktionen** zu erfüllen

auf der Sachebene: gemeinsam eine Aufgabe leisten	← hat zwei Funktionen zu erfüllen →	**auf der Beziehungsebene**: positives Klima schaffen

↓

mit der Qualität:
- klares, gemeinsames motivierendes Ergebnis
- in begrenzter Zeit

↓

und entsprechender **Gesprächs-Organisation**:
- Thema, Ziel, Ablauf sind geklärt
- Gruppe arbeitet zielorientiert und zeitbewusst

↓

will ihre Kräfte entfalten

↓

benötigt deshalb **zu ihrer Entlastung** eine Gesprächsleitung

↓

mit der Qualität:
- Jede/r findet ihren/seinen Platz in der Gruppe
- und kann seine sozialen Motive erfüllen

↓

und entsprechender **Gesprächsorganisation**:
- jede/r kann sich aktiv beteiligen
- Regeln für kooperativen Umgang, Schutz des Einzelnen usw. werden eingehalten

↓

Konsequenzen für die **Rolle und Aufgaben der Gesprächsleitung:**
- sie entlastet die Gruppe
- sie handelt im Auftrag und in Rückbindung an die Gruppe
- sie unterstützt die Gruppe dabei ...

← ... zu einem Sachergebnis zu kommen

→ ... in einem kooperativen, sich gegenseitig wertschätzenden Klima zu arbeiten

↓

- sie hat somit eine dienende Funktion
- nimmt möglichst wenig Einfluss auf das Ergebnis, hält ihre Meinung weitgehend heraus, bewertet nicht

=

moderiert

Jede Gruppe hat **Leistungen auf zwei Ebenen** zu erbringen.

- Auf der **Sachebene** geht es um Aufgaben wie: Ideen sammeln, Probleme lösen, Vorschläge erarbeiten.
- Auf der **Beziehungsebene** stellt sich der Gruppe die Aufgabe, ein positives Klima zu schaffen, sich um eine gute Gruppenatmosphäre zu bemühen.

Jedes dieser Aufgabenfelder hat **je eigene qualitative Anforderungen**:

- Das Sach- oder Arbeitsergebnis soll
  - klar und motivierend sein („Wir stehen hinter dem Ergebnis und sind bereit, es durchzutragen.").
  - eine gemeinsame Leistung der Gruppe sein (kein vorgesetzter oder von oben durchgesetzter Beschluss).
  - in der begrenzten Zeit zustande kommen, die einer Gesprächsgruppe in der Regel zur Verfügung steht.
- Auf der Ebene von Beziehungen und Gruppenklima soll jeder und jede seinen und ihren Platz in der Gruppe finden und ihre menschlichen Grundmotive erfüllen können:
  - das Bedürfnis nach Schutz und Sicherheit,
  - den Wunsch nach Kontaktmöglichkeiten und Akzeptanz,
  - das Bedürfnis nach Anerkennung, Wertschätzung und Status,
  - die Möglichkeit, sich mit seinen Fähigkeiten und Begabungen einzubringen und sich selbst dadurch zu bestätigen.

Eine Gruppe braucht eine entsprechende Organisation ihres Gesprächs, um diese Aufgaben leisten zu können. (Dies umso mehr, als in Gruppen öfter Vor-Bedingungen anzutreffen sind, die das gemeinsame Arbeiten nicht leicht machen: Unklare Vorgaben und Aufgabenstellungen, problematische Zusammensetzung des Teilnehmerkreises ...).

Anforderungen an die Gesprächsorganisation sind ...

- auf der **Sachebene**:
  - Thema, Ziel und Ablauf sind für alle klar.
  - Die Gruppe hält sich daran, verfranst sich nicht, hält die Zeiten ein, bleibt entscheidungsfähig.
  - Die Gruppe findet zu einem Ergebnis, möglichst in Form eines Konsenses.
- auf der **Beziehungsebene**:
  - Es besteht die Möglichkeit, dass sich jede/r aktiv beteiligt.
  - Der Umgang ist kooperativ.
  - Die Gruppe hält Regeln ein, die den Einzelnen, die Einzelne schützen.

Prinzipiell ist eine Gruppe fähig, aus sich heraus – ohne Leitung – ihr Gespräch in diesem Sinne zu organisieren, indem jeder und jede ständig darauf achtet, dass die genannten Anforderungen von allen eingehalten werden. Der Preis jedoch ist, sich nicht voll um die Gesprächsinhalte kümmern zu können.

Hier liegt der Angelpunkt des Moderationsverständnisses: Eine Gesprächsgruppe, die ihre Kräfte ganz entfalten will, braucht zu ihrer Entlastung eine Gesprächsleiterin, einen Gesprächsleiter:

- ➜ Sie handeln im Auftrag der Gruppe. Sie haben eine von der Gruppe „entlehnte" Autorität, eine formal (nicht inhaltlich) leitende, dienende, entlastende Funktion.
- ➜ Moderator/inn/en sind deshalb an die Gruppe rückgebunden: Alle Entscheidungen über Inhalte, Sachergebnisse, aber auch über das Vorgehen und den Ablauf liegen bei der Gruppe.
- ➜ Sie sorgen dafür, dass die oben genannten Anforderungen bezüglich der Gesprächsorganisation erfüllt werden.
- ➜ Sie mischen sich in die Inhalte möglichst wenig ein, bleiben neutral, damit die Gruppe zu ihrem Ergebnis kommt.

„So gesehen ist Moderation: Realisierung eines ordnenden Prinzips bei weitgehender Problem-(Fach-)Neutralität der Moderator/inn/en." – *Management Center Vorarlberg*

Dieses Grundverständnis sollte vom Moderator offengelegt und zwischen ihm und der Gesprächsgruppe vereinbart werden.

Zur Persönlichkeit, zum Verhalten und zur Ethik eines Moderators

– in der Regel ist dabei bezeichnenderweise nur von Männern die Rede – werden in der Literatur Anforderungsprofile (Böning 1994, S. 29-34) und Idealbilder entworfen, die an das eigenschaftstheoretische Bild von der „geborenen Führungspersönlichkeit" erinnern – ein Ansatz,der sich in Theorie und Praxis als überholt herausgestellt hat. Wichtig ist in der heutigen Zeit vielmehr, dass Moderator/inn/en

- ➜ sich als Lernende verstehen und
- ➜ grundsätzliche Akzeptanz den Teilnehmern gegenüber mitbringen;
- ➜ kein Spiel mit den Gesprächsteilnehmern inszenieren, sondern offene Verhältnisse schaffen, z.B.
  - durch Klärung, wieweit die Mitbestimmung und Gestaltungsmöglichkeit des Teams geht,
  - indem eigene Interessen offengelegt werden,
  - keine verdeckten Zielrichtungen und Aufträge verfolgt werden.

Als ethische Prinzipien, wie sie die Deutsche Gesellschaft für Transaktionsanalyse (DGTA) formuliert, stecken dahinter:

- die Würde eines jeden Menschen anerkennen
- Teilnehmer schützen
- ein Bewusstsein der Würde, Autonomie und Verantwortung des Menschen wecken, Handeln aus diesem Bewusstsein fördern
- klare Arbeitsbeziehungen schaffen.

Die Transaktionsanalyse stellt hierfür ein besonders nützliches Modell zur Verfügung, die „O.K.-O.K.-Grundposition":

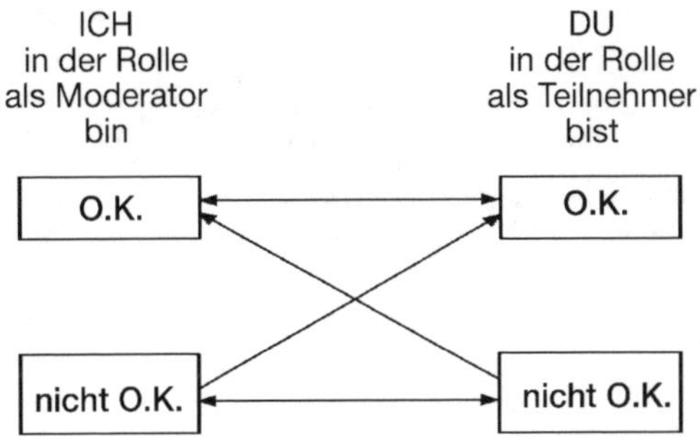

- Wenn ICH als Moderator/in mich O.K. fühle und DU als Teilnehmer/in aus meiner Sicht nicht O.K. bist, dann versuche ich, dich kleiner und mich größer zu machen: Ich werte dich – als einzelne Teilnehmerin oder einzelnen Teilnehmer (oder die Teilnehmer generell) – ab. Für den Ablauf einer Moderation heißt das: Ich bringe dir/euch keine Wertschätzung entgegen. Ich setze mich durch, ich dominiere.
- Wenn ICH als Moderator/in mich für „nicht O.K." halte, DU als Teilnehmer/in aus meiner Sicht aber O.K. bist, dann mache ich mich kleiner und dich (anscheinend) größer. In der Moderation füge ich mich den Teilnehmer/inne/n gegenüber. Ich lasse das Gespräch laufen, gebe die Moderation letztlich aus der Hand.
- Die Position „Ich bin O.K. – du bist O.K." besagt: Ich darf so sein, wie ich bin. Ich darf meine Rolle als Moderator/in so wahrnehmen, wie ich es für richtig halte. Du darfst so sein, wie du bist und deine Rolle als Teilnehmer/in in deiner Weise ausfüllen. Ich muss nicht so sein, wie du mich haben willst – und du musst nicht sein, wie ich dich vielleicht gerne hätte. Auf der Basis einer gegenseitigen realistischen Wertschätzung lass uns miteinander klar und eindeutig verhandeln. So kommen wir gemeinsam „voran".
- „ICH bin nicht O.K. – DU bist nicht O.K.": Die Welt ist grau, alles ist schrecklich . .Mit dieser depressiven Einstellung gibt es kein Weiterkommen. Moderator/inn/en sollten in dieser Situation ihre Aufgabe zurückgeben und sich zunächst einmal um ihr eigenes Wohlergehen kümmern.

Einige praktische Rollenanforderungen an Moderator/inn/en lassen sich so darstellen:

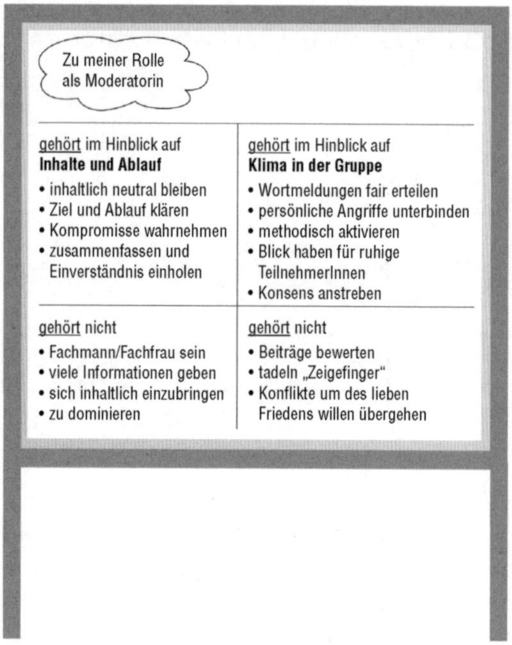

Und wenn der Chef, die Chefin selbst moderiert ...?

Wir haben oben festgestellt: Moderatoren sollen sich aus der inhaltlichen Diskussion heraushalten – das ist die eine Seite. Für Vorgesetzte ist das jedoch nicht so einfach, weil sie Interessen zu vertreten haben – das ist die andere Seite und die begegnet uns in der Praxis nicht gerade selten.

Was ist eigentlich das Problem daran? Es liegt in der unterschiedlichen Machtverteilung zwischen Moderator/Chefin einerseits und Gesprächsteilnehmerinnen/Untergebenen andererseits. Vorgesetzten als Gesprächsleiter/innen müssen wir zumindest „theoretisch“ unterstellen, dass sie **Macht** auf der Basis des Belohnens oder Bestrafens ausüben – mag sich dies tatsächlich oder nur in den Köpfen der Mitarbeiter abspielen. Das kann dazu führen, dass Gruppen zu Gesprächsergebnissen kommen, die dem Gesprächsleiter, der Chefin passen, die jedoch nicht Ergebnisse eines gemeinsamen, partnerschaftlichen Ringens um die beste Lösung sind. Die Kompetenz eines Mitarbeiterteams wird in diesem Fall nicht genutzt. Auf der Ebene des Gruppenklimas können sich Angst, Hemmung, Resignation und Aggression als Kommunikationshindernisse aufbauen.

Die mit der Doppelfunktion „Vorgesetzte/r und gleichzeitig Gesprächsleiter/in“ zusammenhängenden Probleme werden in der praxisorientierten Literatur oft aufgegriffen. Die vorgeschlagenen Lösungen haben jedoch nicht selten den Charakter von Appellen, die in der Luft hängen, z.B.: „Chefs sollen sich zurückhalten.“

Ein Lösungsversuch in der Praxis besteht darin, die Gesprächsleitung an ein Mitglied aus dem Team zu **delegieren oder reihum** gehen zu lassen. Positiv daran ist, dass überhaupt eine Trennung zwischen den Rollen vorgenommen wird. Der/die Vorgesetzte kann seine/ihre Aufgabenrolle ausfüllen und muss sich nicht aus der Sache heraushalten; die Gesprächsleiterin kann sich auf ihre Moderatorenfunktion konzentrieren. Das Problem der Belohnungs- bzw. Bestrafungsmacht ist damit jedoch nicht vom Tisch. Allein schon die Anwesenheit von Chefs wird sich auf Gesprächsabläufe und -ergebnisse auswirken, da ihre Macht latent vorhanden bleibt.

Statt gegenseitigem Blockieren die unterschiedlichen Kompetenzen fruchtbar werden lassen.

Letztlich gibt es keine Lösung, die aus diesem „Dilemma der Führung“ (Neuberger 1985, S. 53ff.) herausführt. Eine Verbesserungsmöglichkeit sehe ich darin, dass gesprächsleitende Chefs und Chefinnen bei jedem Beratungspunkt eindeutig klären:

- ➜ die Aufgabenstellung und das Beratungsziel
- ➜ die Zuständigkeit und den Entscheidungsspielraum der Gruppe
- ➜ und somit die Gesprächsform (s. „Gesprächsformen“, S. 35).

Als Chef/in wird er oder sie bei einigen der zu besprechenden Punkte die Mitarbeiter/innen informieren und Rückfragen beantworten, sich also inhaltlich uneingeschränkt einbringen (s. „Informationsgespräch“, S. 36). Bei Beratungspunkten, wenn der Gruppe eine Entscheidungskompetenz zusteht, wird er oder sie sich auf die Rolle des formalen Gesprächsleiters beschränken und sich in der inhaltlichen Auseinandersetzung möglichst neutral verhalten müssen (s. „Arbeitsgespräch“, S. 37).

Eine kleine technische Erleichterung, um die jeweils eingenommenen Rollen zu klären: Wenn moderierende Chefs oder Chefinnen sich selbst inhaltlich zu Wort melden wollen, zeigen sie eine grüne (unverfängliche Farbe ...) Karte und setzen sich selbst auf die Rednerliste.

Grad der Mitbestimmung – Entscheidungsraum von Mitarbeitern/Teams

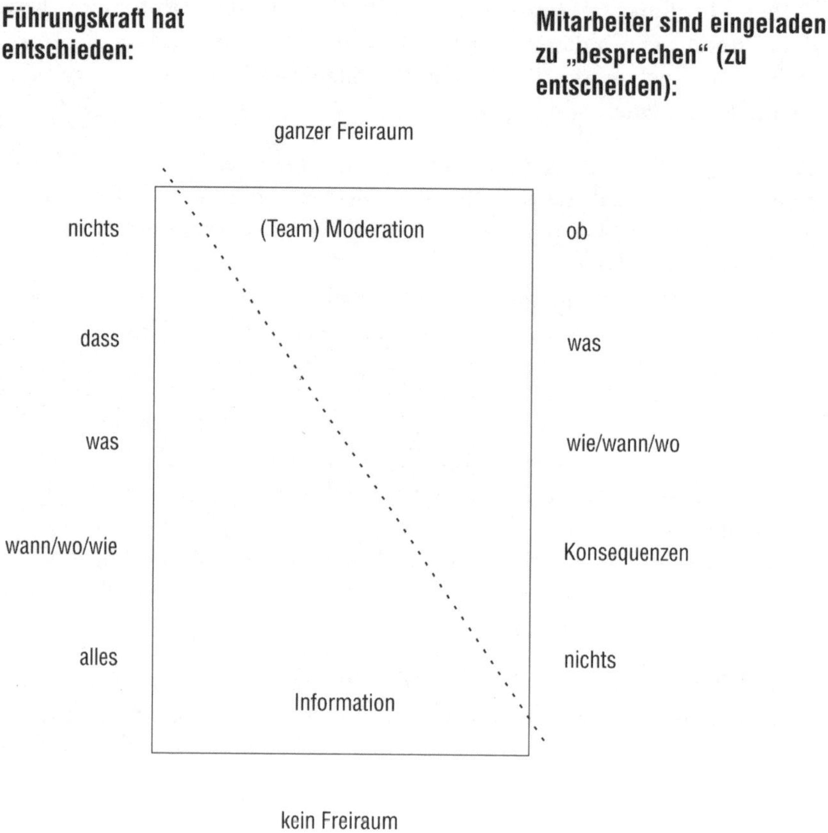

- ➜ Welcher Entscheidungsraum Mitarbeitern oder Teams eingeräumt wird, hängt u.a. ab von:
- ➜ der Position (Stellenbeschreibung) der Führungskraft und ihren Delegationsmöglichkeiten;
- ➜ der Einstellung der Führungskraft zur Delegation (aufgrund von Erfahrungen ängstlich oder risikofreudig);
- ➜ der Komplexität des Problems;
- ➜ dem „Reifegrad“ des Mitarbeiters, des Teams

Hintergründe und theoretische Ansätze

Was man unter Gruppenklima oder Gruppenatmosphäre zu verstehen hat, ist bis heute nicht eindeutig geklärt. Eine kurz gefasste Auseinandersetzung mit den „sozio-emotionalen Leistungen“ findet sich in „Gesprächsgruppen in Organisationen" (Myhsok 1993, S. 64-68). Dabei wird auf das alte viel kritisierte, aber dennoch populäre Modell der Bedürfnishierarchie von Maslow (1954) zurückgegriffen.

Eine nicht mehr neue, aber verständliche Einführung in die Transaktionsanalyse (TA) bietet Rogoll (1994, 5. Aufl.): „Nimm dich, wie du bist“. Empfehlenswert außerdem Stewart & Joines: „Die Transaktionsanalyse“ (1990, 6.Aufl.).

Der Begriff „Macht“ erschreckt viele Menschen, weil sie diese mit Gewalt verwechseln. Für die Soziologie ist Macht ein neutraler Begriff, unter dem subsumiert werden:

- die verschieden begründeten „Chancen der Durchsetzung des eigenen Willens“
- oder die potenzielle Fähigkeit, das Verhalten anderer Menschen zu beeinflussen. Die Begriffe „sozialer Einfluss“ und „Macht“ werden hier also synonym verwendet. Dieses Verständnis von Macht als „social power“ geht auf French & Raven (1959) zurück, die fünf Grundlagen oder Quellen solcher Macht beschreiben:
  - Macht zu belohnen
  - Macht zu bestrafen
  - legitime Macht
  - persönliche (charismatische) Macht
  - Einfluss auf Grund von Sachkunde.

Eine gute Anregung, sich über die Entscheidungskompetenz eines Teams Klarheit zu verschaffen, ist das „Entscheidungskontinuum“ von John Statt auf Seite 32.

Teilnehmer- und zielorientierte Gesprächsleitung: Welche Gesprächsform eignet sich für welches Ziel?

Auf den ersten Blick könnte man meinen, Beratungspunkte in Gesprächsgruppen und Teams würden sich nur nach den Inhalten unterscheiden – Diskussion sei eben Diskussion. Bevor wir uns hier mit einer sinnvollen Unterscheidung beschäftigen, bitte ich Sie:

Überlegen Sie sich drei konkrete Themen bzw. Beratungs-/Tagesordnungspunkte wie sie in Ihrem Team, in Ihrer Arbeitsgruppe auf der Tagesordnung stehen könnten. Z.B.:

- → *Einführung eines neuen Gleitarbeitszeitmodells*
- → *Vorbereitung einer Mitarbeiter/innen-Klausur*
- → *Ihre Themen, Ihre Tagesordnungspunkte:*

Wir kommen später darauf zurück.

Am besten, Sie sehen sich jetzt den Überblick „Formen des Gesprächs in Gruppen“ an. Hier finden Sie die wichtigsten Kennzeichen, das jeweilige – sachliche und kommunikative – Ziel einer Gesprächsform und die entsprechenden Rollenanforderungen an Gesprächsleiter und -teilnehmer.

Formen des Gesprächs in Gruppen und Teams

Gesprächsform	Informationsgespräch	Austausch-/Identifikationsgespräch
Kennzeichen	Vermittlung von Sachinformationen	Über sich und andere ins Gespräch kommen
Inhaltliche Ziele	Es werden Informationen (ggf. Anordnungen) vermittelt, die eine mündliche Form erfordern und Verständnisfragen beantworten. Dadurch entsteht eine Basis für die gemeinsame Arbeit.	Erfahrungen einbringen und bearbeiten können. Eigene Erfahrungen reflektieren und andere zur Reflektion anregen. Die eigene Situation und die der anderen besser verstehen. Zu sich finden.
Kommunikative Ziele	Motivation und Reduzierung von Komplexität insbesondere durch die Möglichkeit der Rückfragen	Aktive Beteiligung und Motivation der Gesprächsteilnehmer. Kontakte, Beziehungen, Verständnis untereinander werden ermöglicht. Ebenso Identifikation mit sich, den anderen und der Gruppe.
Aufgaben des Leiters	Gibt sachliche, klare, begründete Informationen und beantwortet Verständnisfragen (bzw. lässt dies andere tun). Er klärt, wie mit diesen Informationen weiter verfahren wird (z.B. späteres Arbeitsgespräch zur Umsetzung), vermeidet aber an dieser Stelle „Diskussionen".	Gesprächsleiter ist Organisator und Gesprächsteilnehmer. Er stimmt Ziel und Vorgehensweise mit den Teilnehmern ab. Er bringt sich in gleicher Weise wie die anderen Gruppenmitglieder in das Gespräch ein. Er sorgt für eine offene Gesprächsatmosphäre und regt an.
Rolle der Teilnehmer	Holen sich die für sie und ihre Tätigkeit notwendigen Informationen, bis für sie Klarheit besteht.	Das Thema stammt aus dem Erfahrungsbereich der Gruppenmitglieder. Sie bringen es in einer persönlichen Weise zur Sprache (Ich-Botschaften; keine Bewertung der Erfahrungen anderer).

Diskussion	Arbeits-/Klärungsgespräch	Dialog
Argumente austauschen und abwägen.	Gemeinsam Lösungen suchen und festlegen.	Themen gemeinsam durchdenken.
Urteils- und Meinungsbildung herbeiführen, unterschiedliche Meinungen herausarbeiten, Begründungen für unterschiedliche Meinungen kennen lernen. Durch Argumente Entscheidungshilfen geben. Eigene Meinung überprüfen, autonome Position gewinnen.	Gemeinsame Themen oder Aufgabenstellungen bearbeiten durch Analyse, Ideensammlung, Prüfung, Bewertung, gemeinsame Entscheidung für eine Lösung. Sicherung der gemeinsamen Ergebnisse.	Themen so erarbeiten, dass die Gedanken in der Schwebe gehalten werden – ohne sie gleich festzumachen. Die Teilnehmer nehmen dabei die eigenen Interessen, Werte und die der anderen ernst. Sie nehmen die Haltung von Lernenden ein, indem sie gemeinsam „das Dritte" suchen (Lösungen 2. Ordnung).
Aktive Beteiligung der Gruppenmitglieder. Gegensätzliche Meinungen besser verstehen und respektieren.	Aktive Beteiligung und Motivation der Gruppenmitglieder. Identifikation mit der Gruppe und dem Ergebnis. Kontakte, Beziehungen, Verständnis, Kooperation werden ermöglicht.	Kommunikation verlangsamen, dem Gegenüber zuhören. Annahmen und Bewertungen suspendieren. Mit dem Herzen sprechen, Ängste und Sorgen mitteilen. Festgefahrene Kommunikationsstrukturen verflüssigen.
Diskussionsleiter sorgt dafür, dass die unterschiedlichen Standpunkte sachlich, präzise und begründet vorgebracht und Begriffe erläutert werden. Er gibt Verfahrensweisen bekannt und sorgt für ihre Einhaltung. Er enthält sich einer Stellungnahme zu Diskussionspunkten und wahrt absolute Neutralität.	Moderator ist Organisator des Gesprächs im Auftrag der Gruppe. Ziel und Vorgehensweise werden von ihm mit der Gruppe abgestimmt. Gesprächsleitung und Sachkompetenz sind getrennt. Der Gesprächsleiter vermeidet eigene Sachbeiträge, er ist Fachmann für Moderation und Kommunikation, nicht für die anstehenden Sachfragen.	Ist Teil der Gruppe, achtet auf den Rahmen (s. unten). Beteiligt sich am Gespräch.
Erfahrungen, Einstellungen, Vorurteile der Teilnehmer können sehr unterschiedlich sein. Sie bilden sich ihr eigenes Urteil aufgrund des Austausches von Meinungen und Argumenten. Es gibt kein einheitliches Diskussionsergebnis, sondern eine bestätigte oder veränderte persönliche Meinung der einzelnen Gruppenmitglieder, die sich u.U. in einer Abstimmung oder Wahl niederschlägt.	Alle Gruppenmitglieder verstehen etwas vom Thema. Sie sind „Fachleute", wenn auch mit unterschiedlicher Kompetenz. Auf dieser Basis erarbeiten sie ein gemeinsames Gesprächsergebnis, das ein künftiges motiviertes Mithandeln ermöglicht.	Teilnehmer sitzen in einem geschlossenen Kreis. Sie benutzen einen Redestein oder Redestab, der in der Mitte liegt. Der Moderator achtet darauf: Nimmt ein Teilnehmer den Stab oder Stein, ist er berechtigt zu sprechen. Beendet er seinen Beitrag, legt er ihn wieder zurück. Dadurch entsteht Schweigen oder Nachklingenlassen des Gesagten.

In welcher Weise zeigen sich die dort genannten

Gesprächsformen im Alltag von Gruppen?

1. Es gibt Gruppen, Räte, die sich immer nur in einer Gesprächsform aufhalten. Ein typisches Beispiel: In politischen Entscheidungsgremien ist die „Diskussion" die nahezu ausschließlich praktizierte Gesprächsform.

Das jeweilige sachliche und kommunikative Ziel entscheidet, welche Gesprächsform die richtige ist.

2. Andere Gruppen haben auf ihrer Tagesordnung Gesprächspunkte, die mal die eine, mal die andere Gesprächsform erfordern. Typisch ist ein Mitarbeiterteam, bei dem zu Beginn der Chef aktuelle Informationen gibt und Rückfragen beantwortet (Informationsgespräch), das Team sich austauscht über Gelingendes und weniger Gelingendes in der Arbeit (Austauschgespräch) und anschließend gemeinsame Aktionen erarbeitet, klärt, festlegt und plant (Arbeitsgespräch).

3. Oft können innerhalb eines Gesprächspunktes auch die Formen wechseln. Beispiel: Das Leitungsteam einer Organisation plant einen „Tag der offenen Tür". Die Beratung beginnt mit einem „Austauschgespräch": Wie hat jeder, jede Einzelne eine ähnliche Aktion im vergangenen Jahr erlebt? Es folgt ein „Informationsgespräch", bei dem der Leiter die Rahmenbedingungen und das zur Verfügung stehende Budget bekannt gibt. In der anschließenden „Diskussion" wird das Pro und Contra eines Tages der offenen Tür erörtert. Im ersten Teil des folgenden „Klärungs- bzw. Arbeitsgesprächs" entscheidet sich das Team in einer Konsensentscheidung für die Durchführung, sammelt Ideen, bewertet sie und legt das Programm fest.

Das Charakteristische der jeweiligen Gesprächsform

Am letzten Beispiel wird deutlich, was das jeweils Charakteristische einer Gesprächsform ist:

- Im **Informationsgespräch** werden festliegende Sachinformationen vermittelt und dazu gehörende Rückfragen beantwortet. Eine Diskussion darüber steht jedoch nicht an, weil es hier keinen Entscheidungsspielraum gibt.
  Eine typische Intervention: „Welche Verständnisfragen haben Sie?" (Statt: „Wer möchte hierzu etwas sagen?")
- Das **Austausch-/Identifikationsgespräch** lässt Erfahrungen zum Zug kommen, schafft Klima und Beziehungen untereinander, entlastet den Einzelnen.
  Eine typische Intervention: Die Einleitungsfrage „Bitte nennen Sie eine für Sie wichtige Erfahrung" oder „Was haben Sie positiv erlebt – was war schwierig? Bitte nennen Sie ein, zwei Punkte".

- → Die **Diskussion** will Argumente rational abwägen. Sie kann auch zu einer persönlichen Entscheidungsfindung – z.B. durch Abstimmung – beitragen. *Eine typische Intervention:* „Welche Argumente sprechen für, welche gegen den Vorschlag?"
- → Das **Arbeitsgespräch** sucht in einem gemeinsamen Klärungsprozess nach Lösungen und legt sie fest. *Eine typische Intervention:* „Sind Sie damit einverstanden?"

Im Folgenden finden Sie eine Übersicht von Stolpersteinen für die einzelnen Gesprächsformen und dazu passenden Interventionen.

Stolpersteine und passende Interventionen

	Stolpersteine	**Interventionen**
Informationsgespräch	Über den eigentlich festliegenden Informationspunkt kommt es zu einer Diskussion, die überflüssig ist.	„Bitte nur Verständnisfragen."
Austausch-/ Identifikationsgespräch	Schwammige Einleitung durch den Moderator, z.B.: „Wir machen jetzt eine Austauschrunde. Jeder kann sagen, was er mag."	Konkrete Einleitung: „Was gelingt Ihnen zur Zeit in der Arbeit ganz gut? Was macht Ihnen Schwierigkeiten? Nennen Sie jeweils ein, zwei Punkte."
Diskussion	zu lange Beiträge der Teilnehmer	„Bitte nur zwei, drei Sätze."
Arbeitsgespräch	Die Teilnehmerbeiträge springen zwischen den einzelnen Aspekten bzw. Schwerpunkten hin und her.	„Gibt es zu diesem Punkt noch einen Beitrag?" (s. „Grundregeln der Gesprächsleitung", S. 59)

Wenn Sie Lust haben, dann ordnen Sie jetzt Ihre oben gefundenen Themen/Beratungspunkte einer Gesprächsform zu.

Praxistipp:

1. Legen Sie bei Ihren Beratungs- und Gesprächspunkten erst das Ziel fest. Davon hängt dann ab, welche Form in Frage kommt.
2. Es ist nicht notwendig, vor der Gruppe die Gesprächsform zu benennen.
3. Es ist wichtig, dass Sie Ihr Leiterverhalten der Gesprächsform anpassen:
   - z.B. als Chef im Informationsgespräch
   - als „einer unter anderen" beim Austauschgespräch
   - als klarer, sachlicher, neutraler Strukturierer bei der Diskussion
   - als teilnehmer- und aufgabenorientierter Diener der Gruppe im Arbeitsgespräch.

Hintergründe und theoretische Ansätze

Allein wenn man die Sitzung eines politischen Gremiums, eine Mitarbeiterbesprechung und das Treffen einer Stammtischrunde miteinander vergleicht, zeigt sich die Notwendigkeit, die Merkmale von Gespräch und Gesprächsform zu definieren. Ich habe hier auf die von Geissner (1973, 1975) vorgelegte Einteilung von Formen des Gesprächs zurückgegriffen, die für die Analyse von Gesprächsgruppen besonders nützlich ist und sie weiterentwickelt (vgl. Myhsok 1993, S. 32-38).

Interessant ist es auch, die Gesprächsformen in Bezug zu setzen zu den Funktionen, die eine Gruppe für ihre jeweilige Organisation erfüllt. Es sind vier Grundfunktionen, die sich aus den generellen Kompetenz- und Aufgabenfestlegungen der Organisation ableiten lassen:

➜ **Oberste Entscheidungsebene:**
Die Gesprächsgruppe steht an der Spitze der Organisation. Sie hat – u.U. zusammen mit dem (Gesprächs-)Leiter – sowohl Gestaltungsmöglichkeit als auch die höchste formale Zuständigkeit bei Entscheidungen.
Beispiele: Aufsichtsrat; Vorstand eines Vereins
Idealtypische Zuordnung einer vorherrschenden Gesprächsform: Diskussion

➜ **Formale Legitimation:**
Die Gruppe hat das satzungsmäßige oder gesetzmäßig zugestandene Recht, Entscheidungen zu treffen; die Veränderungs- und Gestaltungsmöglichkeiten sind allerdings gering. Die Organisation bedient sich ihrer, weil sie dazu verpflichtet ist, höhlt jedoch die Entscheidungsrechte u.U. durch verschiedene Maßnahmen faktisch aus.
Beispiel: Mitgliederversammlungen von Vereinen; politische Gremien
Vorherrschende Gesprächsform: Diskussion

➜ **Aufgabenerfüllung bzw. Dienstleistung:**
Die Gruppe hat konkrete Aufgaben zu erfüllen, die u.U. mit Erwartungen und Außendruck der Organisation oder Umwelt verbunden sind. Diese Aufgaben reichen von der Ideensammlung über die Beratung bis hin zur Entscheidung und Ausführung.
Beispiele: Mitarbeiterbesprechungen; Vereinsvorstände; Projektgruppen, Runde Tische
Vorherrschende Gesprächsform: Arbeits-/Klärungsgespräch

➜ **Integration:**
Die Organisation ist auf motivierte Mitglieder oder Mitarbeiter angewiesen, die hinter ihr stehen und schwierige und u.U. komplexe, von der Organisation nicht zu steuernde Aufgaben bewältigen müssen.
Beispiele: Arbeitsteams, Projektgruppen, Lernstatt-Gruppen, Qualitätszirkel
Vorherrschende Gesprächsform: Identifikations-/Austauschgespräch

(Vgl. Myhsok 1993, S. 55-57; 158ff.)

Die Frau als Moderatorin – Anforderungen und Chancen

Als Einstieg in dieses Kapitel bitte ich Sie, folgende Fragen zu überdenken:

- *Wie oft werden Ihre Team-/Gruppenbesprechungen von einer Frau/Kollegin moderiert?*
- *Erleben Sie über Ihren beruflichen Kontext hinaus Moderatorinnen in der Öffentlichkeit? (Abgesehen natürlich von den unterhaltenden Moderationssendungen im Fernsehen.)*
- *Wenn Konflikte auftreten, wer leitet schwierige Moderationen? Wird eine Moderatorin oder ein Moderator eingeladen?*

Ein Großteil von Ihnen wird beim Beantworten der Fragen zu dem Fazit kommen: Es gibt weniger Frauen, die sich für diese Aufgabe zur Verfügung stellen, sei es in den Teams und Gruppen vor Ort, sei es als externe Konfliktmoderatorinnen.

Moderation und Führungsfunktionen – immer noch eine Domäne der Männer?

Moderation und andere Führungsfunktionen im beruflichen Umfeld sind nach wie vor eine Domäne der Männer. Dabei ist zu sehen, dass Männer in Leitungspositionen, sofern sie der Generation der über 45-Jährigen angehören, wenig Frauen als Vorgesetzte oder gleichgestellte Kolleginnen im Beruf erleben. Im beruflichen Bereich sind Frauen nach wie vor diejenigen, die den Männern zuarbeiten oder Arbeitsplätze besetzen, die sich im „Schatten" befinden.

Tatsache ist, dass Managementtheoretiker – neben den Fachkenntnissen – in den Führungsetagen der sozialen Kompetenz, den so genannten „soft qualities", immer mehr Bedeutung zuschreiben; dass Systemtheoretiker von Führungspersönlichkeiten die Fähigkeit fordern, vernetzt zu denken anstatt in linearen Kategorien verhaftet zu bleiben. Frauen könnten deshalb mit genau diesen ihnen zugeschriebenen Verhaltensweisen auf der Überholspur sein.

Diese Überholspur ist jedoch blockiert. Die Blockade hat mit unseren gesellschaftlichen Strukturen zu tun, die eine partnerschaftliche Verteilung der Verantwortung sowie eine partnerschaftliche Zusammenarbeit erschweren.

Bemerkenswert in diesem Zusammenhang ist, dass in denjenigen Unternehmen, in denen Frauen an der obersten Spitze stehen, „die Anzahl weiblicher Führungskräfte mit einer Anzahl von zehn Prozent deutlich höher ist als in männergeführten Unternehmen" (Neujahr-Schwachulla & Bauer 1995, S. 20f.). Dies lässt sich nach meinen Erfahrungen auf Moderationsaufgaben übertragen: In frauengeführten Unternehmen und Einrichtungen erklären sich Mitarbeiterinnen eher bereit zu moderieren als in männergeführten Organisationen. Hier überlässt Frau häufig wie selbstverständlich diese Aufgabe dem männlichen Kollegen.

Frauen haben in männlich geprägten Unternehmen Hindernisse zu überwinden, die den Männern erspart bleiben und die sie veranlassen, sich erst gar nicht für einen solchen Aufgabenbereich zu bewerben. Wenn sie sich für einen Marsch durch die Hierarchien entschieden haben, sind sie Anforderungen ausgesetzt, für die sie zusätzliche Kompetenzen benötigen.

Um Hindernisse und Konflikte, die speziell Moderatorinnen begegnen, geht es in diesem Kapitel. Es gilt sie zu erkennen und Formen zu entwickeln, mit ihnen konstruktiv umzugehen. Ziel ist es, als Moderatorin und als Teilnehmer/in Bewusstheit zu erlangen, was sich mit dem eigenen – gewollten oder ungewollten – Zutun eines jeden im Team oder in der Gruppe abspielt.

Die Barrieren im eigenen Kopf wahrnehmen

Es kann sein, dass Kollegen und auch Kolleginnen diese Situationen häufig nicht als konflikthaft wahrnehmen. Sie wundern sich sogar über diese Konfliktorientierung und oft folgen Reaktionen wie: „Du bist einfach übersensibel" oder gar: „Hast du Probleme mit Männern?" Lassen Sie sich hier nicht irritieren. Frauen und Männer erleben das Thema Partnerschaft und Machtverteilung im privaten, beruflichen und im öffentlichen Bereich unterschiedlich. Es kann nicht darum gehen, Wahrnehmungen in einem Team, in einer Gruppe zu verabsolutieren. Die Aufgabe des Moderators, der Moderatorin ist es, diese unterschiedliche Wahrnehmung zu benennen, sie mit der Gruppe, dem Team herauszuarbeiten, Raum zu geben für diese Thematik.

Wenn zwei Moderatoren das Gleiche tun

Auf dem Hintergrund von eigenen Erfahrungen und Berichten von Frauen aus Trainings und Beratungen habe ich Situationen zusammengestellt, denen Moderatorinnen begegnen. Sie verdeutlichen Einstellungsmuster der Teilnehmer/innen, die mehr oder weniger verdeckt einen Moderationsprozess begleiten.

Situationen des Moderators	**Situationen der Moderatorin**
Im Team wird gefragt wer heute die Moderation übernimmt. Ein Kollege erklärt sich sofort bereit. « wohlwollende Reaktion im Team »	Im Team wird gefragt, wer heute die Moderation übernimmt. Eine Kollegin erklärt sich sofort bereit. « keine Reaktion »
Er stellt sich als externer Moderator vor und berichtet von seinen Aufträgen in den verschiedensten Unternehmen und Einrichtungen. « Er ist ein erfolgreicher Moderator. »	Sie stellt sich als externe Moderatorin vor und berichtet von ihren Aufträgen in den verschiedensten Unternehmen und Einrichtungen. « Sie hat nur Karriere im Kopf. »
Er erwähnt bei der Vorstellungsrunde, dass er verheiratet ist, drei Kinder hat und gerade ein schönes Wochenende mit ihnen verbracht hat. « Er ist ein solider treu sorgender, sympathischer Mann. »	Sie erwähnt bei der Vorstellungsrunde, dass sie verheiratet ist, drei Kinder hat und gerade ein schönes Wochenende mit ihnen verbracht hat. « Hoffentlich hat sie den Kopf frei für die Moderation. »
Er breitet Unterlagen vor sich aus. « Er ist gut vorbereitet. »	Sie breitet Unterlagen vor sich aus. « Sie ist unsicher und zerfahren. »
Er wird von der Gruppe als Moderator kritisch gefragt. Er nimmt die Kritik auf und begründet sein Verhalten. « Er ist sicher in seiner Moderation. »	Sie wird von der Gruppe als Moderatorin kritisch gefragt. Sie nimmt die Kritik auf und begründet ihr Verhalten. « Sie rechtfertigt sich. »
Bei der Schlussreflexion bekommt er rückgemeldet: « Sachlich strukturiert, sehr kompetent. »	Bei der Schlussreflexion bekommt sie rückgemeldet: « Große Intuition, sehr lebendig und spontan auf die Situation eingegangen. »

Wie als Moderatorin reagieren?

Manche Situationen sollte eine Moderatorin übergehen. Andere aber, die in die Dynamik der Moderation eingreifen und auf Moderation und Gruppe/Team Einfluss nehmen, sollte die Moderatorin klar benennen. Im Unterschied zu den vorher aufgeführten Situationen ist es hier angebracht, als Moderatorin zu reagieren. Aus diesem Grund werden in der rechten Spalte Reaktionsmöglichkeiten aufgeführt, die Sie anregen sollen, aus einer O.K.-Haltung heraus zu handeln.

Beobachtbare Situation	Möglichkeit der Reaktion
Männlicher Kollege greift ständig in die Moderation ein und zeigt sich als Co-Moderator	Beobachtung ansprechen und darauf aufmerksam machen, dass Sie heute moderieren.
Männliche Kollegen zeigen sich beschützend, väterlich unterstützend, wie z.B. „Lassen Sie mich Ihnen zu Hilfe kommen ..."	„Wenn Sie hilfreich eingreifen, ist es mir wichtig, Sie tun dies als Kollege für eine konstruktive Arbeit im Team. Benötige ich in meiner Funktion als Moderatorin Hilfe, formuliere ich dies, an Sie alle gerichtet."
Die männliche Leitung der Einrichtung bzw. des Unternehmens teilt Ihnen als Moderatorin seine Skepsis mit: „Jetzt hatte ich gehofft, mit Ihnen als Frau jemanden zu haben, die eine verbindende Atmosphäre schafft und die Situation nicht auch noch aufheizt ..."	„Als Moderatorin nehme ich wahr, dass der jetzige Auseinandersetzungsprozess für Sie nicht stimmig ist. Teilen Sie uns bitte mit, was es Ihnen konkret erschwert." ... und falls es sinnvoll erscheint eine Ergänzung: „Zu meinen weiblichen Fähigkeiten gehört es sicherlich auch, eine verbindende Atmosphäre zu schaffen. Doch in meinem Moderationsverständnis ist dies das Ergebnis einer differenzierten Auseinandersetzung. Es wäre aus meiner Sicht ein Gewinn, wenn Sie sich darauf einlassen könnten."
Sie nehmen abschätzende, beobachtende Blicke wahr, mit dem Signal: „Interessante Frau, mal sehen, ob sie auch fit ist."	Übersehen Sie diese Reaktion, machen Sie dies nicht zu Ihrem eigenen Thema.

Lernen findet dort statt, wo Unterschiede zur Auseinandersetzung auffordern und sich die Beteiligten darauf einlassen.

Oftmals zeigen sich derartige Störungen nicht so konkret und offen, wie hier angesprochen. Sie schwingen sozusagen in der Kommunikation mit, blockieren eine konstruktive Zusammenarbeit. Hier benötigt die Moderatorin das Selbstvertrauen und die Kompetenz, ihre Intuition mit dem Wissen um derartige kommunikative Konstellationen zu verbinden. Sprechen Sie selbst solch unkonkrete Situationen an, wenn Sie der Meinung sind, dass sie störend auf die Zusammenarbeit einwirken. Oftmals können Sie davon ausgehen, dass derartige Situationen zu den Gepflogenheiten eines Teams gehören und eine Bewusstwerdung hier nur hilfreich sein kann. Meist steckt auch keine böse Absicht und bewusste Diskriminierung dahinter, sondern es könnte gelerntes Verhalten sein, das in vergangenen Situationen einmal hilfreich war, jedoch nicht mehr der heutigen Situation entspricht. Indem Sie als Moderatorin dies zum Thema machen, ermöglichen Sie Transparenz für Verhalten und Wahrnehmung und leisten einen Beitrag für eine Partnerschaft von Frau und Mann.

Sie werden nun vielleicht sagen: „Dies könnte es auch geben, wenn Frauen in Gruppen und Teams sind." Das stimmt. Viele dieser Situationen treten auch unter Frauen auf. Wichtig erscheint mir, dass die Anforderungen für eine Auseinandersetzung unterschiedlich sind. Männliche Kollegen sind gefordert, Macht abzugeben, Macht und Kompetenz von Frauen anzuerkennen, zu schätzen und entsprechend zu honorieren (aufrichtig und ohne Spieleinladung). Frauen sind gefordert, Machtteilhabe untereinander zu fördern, sich selbst Macht zuzugestehen und sie bei anderen Frauen zu unterstützen; Konkurrenz nicht als destruktiv sondern als konstruktiv, das eigene Geschlecht stärkend, anzusehen.

Hintergründe und theoretische Ansätze

Westerholt, Birgit: „Frauen können führen. Erfolg und Karriere durch Motivation und Kompetenz." München: dtv, 1995. Ein Buch, das Frauen zeigt, wie sie ihre Führungsqualitäten aktivieren und einsetzen können.

Neujahr-Schwachulla, Gaby & Bauer, Sibylle: „Führungsfrauen. Anforderungen und Chancen in der Wirtschaft." Frankfurt: Fischer, 1995. Die Autorinnen schildern in ihrem Buch die Sicht der Frauen und die Sicht der Unternehmer zum Thema *Frauen in Führungspositionen* und verdeutlichen, welche personalpolitischen Modelle es gibt, Frauen in die Top-Etagen zu bringen.

Das Thema Führung im Sozialbereich finden Sie in: Brückner, Margit: „Frauen und Sozialmanagement." Freiburg: Lambertus, 1993. Margit Brückners Beiträge widmen sich Fragen der Leitung, befassen sich mit Basisdemokratie und beschreiben Managementtechniken u.a.

Das Thema Macht, unter dem Aspekt *Frau und Mann,* aus dem Erfahrungshintergrund eines Mannes, finden Sie bei: König, Oliver: „Macht in Gruppen. Gruppendynamische Prozesse und Interventionen." München: Pfeiffer, 1998.

Teil II: Grundbausteine für Gesprächsleitung und Moderation

Moderation effektiv vorbereiten

Nehmen Sie an, eine Teamsitzung, eine Mitarbeiterbesprechung oder ein Workshop steht Ihnen bevor.

- *Was überlegen Sie?*
- *Was planen Sie? Was bereiten Sie vor?*
- *Wie bereiten Sie sich als Moderator vor?*

Im Folgenden finden Sie einige Fragen, die sich mehr oder weniger bei allen Arten von Gesprächsgruppen stellen.

Inhaltliche, thematische Vorbereitung:

- Welche Besprechungspunkte, Tagesordnungspunkte, Themen stehen an?
- Welche Informationen sind notwendig, um die jeweiligen Punkte behandeln zu können?
- Was ist das Ziel des jeweiligen Beratungspunktes?
- In welcher Reihenfolge sollen Beratungspunkte behandelt werden?

Eine gute Vorbereitung der Moderation macht bereits die Hälfte eines guten Ergebnisses aus.

Methodische Vorüberlegungen:

- Wie gestalte ich den Einstieg (evtl. auch die Phase der Themensammlung, Prioritätensetzung)?
- Wie gestalte ich die Arbeitsphase (u. U. der einzelnen Themen und Beratungspunkte)?
- Welche Moderationsmethoden setze ich ein?
- Wie werden Arbeitsschritte und Ergebnisse visualisiert und dokumentiert?

So haben Sie bei der Moderation den Kopf frei für die Kommunikation.

Organisatorische Vorarbeiten:

- Welcher Teilnehmerkreis wird eingeladen? Und: Gibt es Berater, Gäste?
- Wo findet die Zusammenkunft statt? Welche Sitzordnung ist erforderlich?
- Wann findet sie statt, wie lange soll sie dauern?
- Welche Medien werden benötigt?
- Wie sieht die Einladung aus? Welche (Tisch-)Vorlagen sind vorzubereiten?

Was ich als Moderator/in verfolge, kann mich verfolgen.

Persönliche Vorbereitung:

- Welche Gesprächsform ist – abhängig von den jeweiligen Gesprächszielen – die geeignetste?
- Was verfolge ich als Moderator inhaltlich bei den Besprechungspunkten?
  - Was ist mein Anliegen?
  - Wie wirkt sich das auf mein Rollenverhalten als Moderator aus, insbesondere wenn ich gleichzeitig Vorgesetzter bin?
- Gibt es Gesprächssituationen, bei denen ich aufgrund meines eigenen inhaltlichen Engagements die Gesprächsleitung abgeben sollte?
- Wer liefert zu den Gesprächspunkten jeweils die Informationen?
  - Muss das ich tun? Oder kann es ein Teammitglied übernehmen?
- Was könnte den Gesprächsablauf erleichtern – was könnte ihn erschweren?
  - Wie bereite ich mich auf eventuelle schwierige Situationen vor?

In den nun folgenden Kapiteln wird auf diese Fragestellungen eingegangen und es wird Hilfestellung gegeben.

Der äußere Rahmen

Ihre Beobachtungen dazu:
Wie sieht der Raum aus, in dem Ihre Besprechungen, Teamsitzungen stattfinden?
→ *Wie groß ist er (m^2)?*
→ *Wie sind die Sitzmöbel und Tische angeordnet? Lässt sich etwas umgestalten?*
→ *Welche Hilfsmittel stehen zur Verfügung?*
→ *Empfinden Sie den Raum insgesamt für Ihre Treffen als förderlich?*

Ein angenehmer und nützlicher äußerer Rahmen ist keine Selbstverständlichkeit. In der Realität trifft man alles an: vom Konferenztisch bis zum Küchentisch, von der fixen Bestuhlung bis zum halboffenen Stuhlkreis. Wichtig dabei ist, dass Sie als Verantwortliche oder Moderatoren jede noch so kleine Veränderungsmöglichkeit nutzen, die zu einer sachlich-effektiven und menschlich angenehmen Arbeitsweise beiträgt.

Führung braucht den Mut, sich klar im Raum zu positionieren.

In erster Linie geht es um die

Gestaltung der Sitzordnung

Welche Möglichkeiten bieten sich?

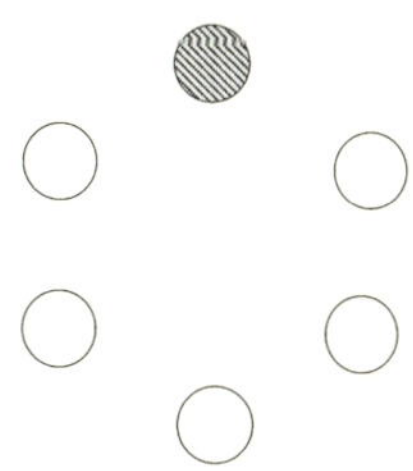

1. Idealtypisch für das Identifikations-/Austauschgespräch ist der **Stuhlkreis:**
→ Die Teilnehmer benötigen keine Schreibmöglichkeit.
→ Es gibt keine Gruppenergebnisse, die visualisiert werden müssen.
→ Der geschlossene Kreis lässt Atmosphäre aufkommen.
→ Der Leiter ist in den Kreis integriert.

Für Arbeitsgespräche, z.B. in Teams oder für Projektsitzungen bieten sich idealtypisch zwei Formen an:

2. Der runde Tisch

Für diese Form spricht:
→ Jeder kann jeden sehen.
→ Diese Anordnung ist oft schon vorhanden.
→ Jeder kann mitschreiben und seine Unterlagen auf dem Tisch deponieren.

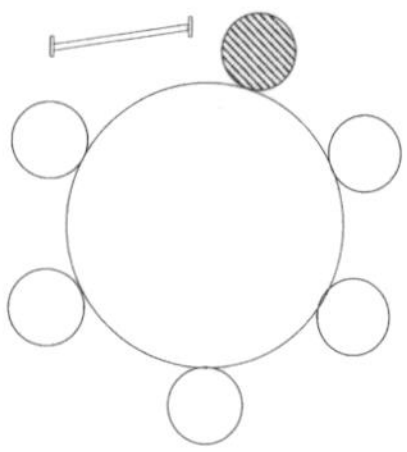

- Es wird wenig Raum benötigt: ca. 2-3 m^2 pro Person genügen.
- Der Leiter hat keine Sonderposition.

Die Tische schränken allerdings die Bewegungsmöglichkeiten der Teilnehmer ein und unterstützen die Tendenz, an seinem Platz zu verharren, „sich nicht zu bewegen".

Zu einer erfolgreichen Moderation gehört – auch beim Einsatz von Tischen –, dass ...

- Moderationsmethoden eingesetzt werden können (s. „Moderationsmethoden", S. 75)
- die Arbeitsschritte und -ergebnisse visualisiert werden und hierfür eine Pin-Wand oder ein Flip zur Verfügung steht
- der Moderator/die Moderatorin den Überblick behält.

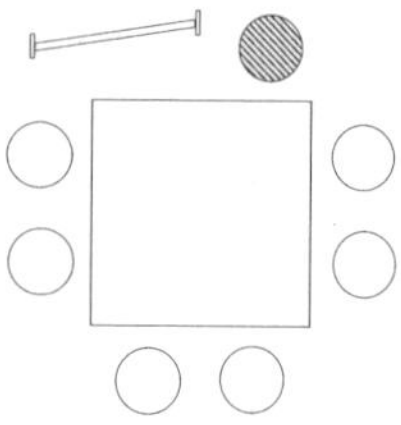

Als Abwandlungen des „runden Tisches" können Sie – der jeweiligen Situation entsprechend – auf andere Formen zurückgreifen, die die oben genannten Bedingungen auch erfüllen, z.B. die

Quadratische Anordnung:

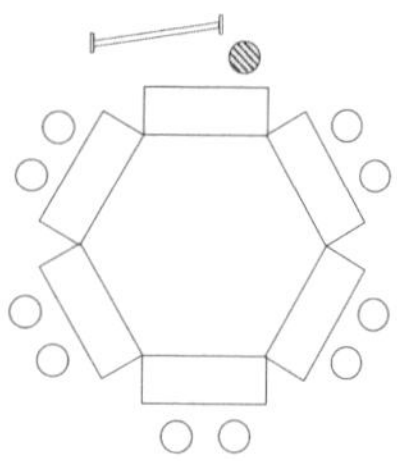

Vermeiden Sie auch bei größeren Gruppen (ab 10-12 Personen) die „lange Tafel", die den Kontakt unter den Teilnehmern erschwert. Als Alternative bietet sich an, die Tische im Sechseck oder in einer entsprechenden größeren Form aufzustellen. Das lässt sich auch dann machen, wenn Sie keine Trapeztische besitzen.

3. Bei der klassischen Form der **Moderation** sitzen die Teilnehmer **im offenen Halbkreis**,der durch Medien, vor allem die Pin-Wand abgeschlossen und abgerundet wird.

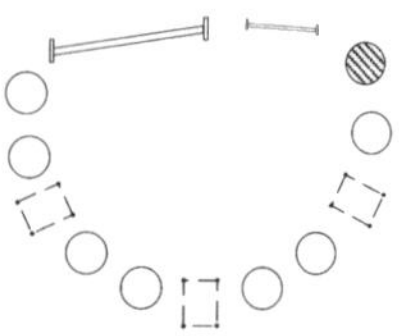

Im Zentrum stehen damit die gemeinsamen Arbeitsergebnisse (und nicht die Gesprächsleitung). Diese Form der Sitzordnung wird vor allem angewendet bei Klausuren, Workshops, Qualitätszirkeln.

Könnten Sie sich vorstellen, Ihre Gesprächsgruppe einmal in dieser Form durchzuführen?

Was würden Sie dafür benötigen?

Welche vorbereitenden *Schritte müssten Sie unternehmen?*

Der entscheidende Vorteil des offenen Halbkreises gegenüber einer Sitzordnung mit Tischen liegt in der größeren Beweglichkeit, die auch zu mehr Offenheit in der Gruppe führt. Ein Hindernis für diese Gestaltungsart kann der hohe Platzbedarf sein (4-5 m^2 pro Person).

4. Zum Abschluss ein Blick auf die **Sitzordnung bei Großgruppen** – oder präziser: bei größeren Teilnehmerkreisen. Schaffen Sie auch hier Möglichkeiten der Kommunikation untereinander, indem Sie Tische und Stühle so anordnen, dass sie

- ➜ den unmittelbaren Kontakt untereinander
- ➜ die gemeinsame Arbeit in kleinen Gruppen
- ➜ den Einsatz von Moderationsmethoden und -material
- ➜ die Konzentration auf die Großgruppe

ermöglichen und erleichtern. Bewährt hat sich eine Anordnung im **Halbrund**:

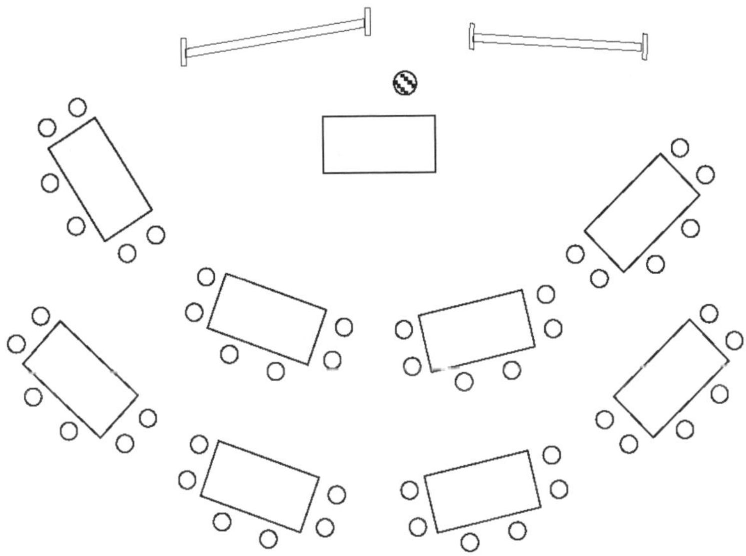

Ein zusätzlicher Vorteil gegenüber dem offenen Karree ist der geringere Platzverbrauch.

Praxistipp

1. Es kann passieren, dass eine Gruppe sich gegen eine neue Sitzordnung wehrt: „Wir sitzen immer so!" heißt es dann. Lassen Sie sich als Moderator nicht von Veränderungen abhalten, motivieren Sie die Gruppe, indem Sie auf die Vorteile Ihres Vorschlags hinweisen, sie bitten, sich darauf einzulassen und anschließend die Erfahrungen auszuwerten.

2. Pin-Wände und Flip-Chart sollten für die Gruppe und für Sie als Moderator ständig sichtbar sein. Deshalb sollten sie nicht direkt hinter Ihnen, sondern etwas seitwärts platziert sein – wie Sie es auch in den Grafiken in diesem Kapitel sehen können.

Besprechungspunkte planen heißt: strukturieren

Besprechungen, Sitzungen brauchen eine Struktur!
Das mag einleuchten, wenn Sie an eine Tagesordnung mit mehreren Beratungspunkten oder an einen ganztägigen Workshop denken.
Hier ist jedoch etwas anderes gemeint:

- ➜ Jeder einzelne,
- ➜ in sich abgeschlossene Beratungs-, Tagesordnungs-, Gesprächspunkt
- ➜ braucht für seinen Ablauf – unabhängig von seiner zeitlichen Dauer – eine Struktur,
- ➜ um die Gruppe schrittweise zu einem Ergebnis zu führen.

Gesprächsabläufe zu strukturieren ist der zentrale Punkt bei der Vorbereitung und Durchführung von Moderationen. Leider wird das in der Praxis (aber auch in der einschlägigen Literatur) oft zu wenig berücksichtigt. Die Struktur eines einzelnen Gesprächsablaufs beinhaltet vier immer gleiche Elemente:

1. Thema bzw. Beratungs-/Tagesordnungspunkt
2. Ziel der Beratung
3. Ablauf/Teilschritte
4. Zeitplan

1. Thema

Thema und Beratungspunkte sollen eine konkrete Aussage machen.

Ein Thema oder Beratungspunkt ist in der Regel vorgegeben und oft schon vorformuliert. Aus der Formulierung sollte der Beratungspunkt möglichst genau zu entnehmen sein:

- ➜ „Veranstaltungsplanung für das kommende Halbjahr" wäre richtig; „Veranstaltungsplanung" wäre zu wenig.
- ➜ „Erhöhung der Mitgliedsbeiträge?" wäre angemessen; „Finanzfragen" wäre zu ungenau.

Falls erforderlich, überlegen Sie sich, wie Sie die Auswahl und Notwendigkeit des Themas (kurz) begründen.

2. Ziel

Gemeint ist damit das Gesprächsziel, das formale Ziel der Beratung, nicht das inhaltliche Ziel. Das Gesprächsziel legt fest, wie weit die Gruppe kommen soll, nicht, was sie inhaltlich erreichen will. Zum besseren Verständnis ein *Beispiel:* Bei dem Beratungspunkt „Tag der offenen Tür" ...

- wäre eine inhaltliche (und damit falsche) Zielsetzung:
  „Ziel der Beratung ist es, einen Tag der offenen Tür zu beschließen und zu organisieren." Hier läge ja schon fest, was die Gruppe im Gespräch erst klären soll. Fazit: Eigentlich braucht man die Besprechung gar nicht, irgendjemand weiß schon, was herauskommen soll ...

Wer nicht weiß, wohin er will, darf sich nicht wundern, wenn er dort ankommt, wo er nicht hin wollte.

- Richtig müsste es heißen:
  „Ziel der Beratung ist es, zu entscheiden, ob ein Tag der offenen Tür durchgeführt wird und wie wir ihn gegebenenfalls gestalten."

3. Ablauf/Teilschritte

Wer eine Bergtour plant, entscheidet sich, welchen Gipfel er oder sie anzielt und legt dann die Etappen und den Ablauf der Route fest.

Eine Gruppe, die auf ihr Gesprächsziel zumarschiert, plant ebenfalls ihre Teilschritte und setzt sich Teilziele. Das können – je nach Umfang des Beratungspunktes – zwei oder drei, vielleicht auch einmal fünf oder sechs Teilschritte sein.

Der erste Teilschritt besteht oft in einer einführenden Information. Gemeint sind Sachinformationen, die für die Teilnehmer/innen notwendig sind, um sachgerecht mitreden und mitbestimmen zu können. Sie sollten

- knapp und präzise
- strukturiert, evtl. visualisiert
- motivierend

eingebracht werden.

Es entlastet den Moderator bzw. die Moderatorin und es ist Zeichen eines partnerschaftlichen Gesprächsstils, wenn andere Teammitglieder diese Informationen einbringen. Dabei sollte von den Informierenden nur auf Verständnisfragen eingegangen werden und keine „Diskussion" stattfinden (vgl. „Informationsgespräch" im Kapitel „Teilnehmer- und zielorientierte Gesprächsleitung", S. 35). Moderator/inn/en sollten – mit dem Verweis auf die weiteren Ablaufschritte – entsprechende Beiträge der Teilnehmer/innen zurückstellen.

Eine Information braucht keine Diskussion, sie ist die Basis für ein gemeinsames Vorangehen.

4. Zeitplan

Wie bei der Bergtour ist es auch bei einem Gesprächsablauf sinnvoll, den zeitlichen Rahmen abzustecken: Wie viel Zeit geben wir uns für die einzelnen Etappen (= Teilschritte)?

Sie fragen vielleicht: Muss ich als Moderator/in das alles immer selbst vorüberlegen? – Nein, nicht immer. Sie können Ziel und Ablauf bei manchen Beratungspunkten auch mit einer Gruppe gemeinsam erarbeiten (vgl. Kapitel „Mitarbeiterbesprechungen und Projektteams – Moderation mit offener Tagesordnung", S. 127). Als Moderator/in müssen Sie dann allerdings das Instrument der Strukturierung kennen und anwenden können.

Versuchen Sie doch einmal, exemplarisch einen Beratungspunkt zu strukturieren (s. Arbeitsblatt auf S. 58).

Praxistipp

1. Formulieren Sie Ihren Ablauf und die jeweiligen Teilschritte in Form von konkreten Fragen in der Alltagssprache (statt in abstrakten Überbegriffen). Bei der Gesprächsleitung werden Sie spüren, wie hilfreich dies für Sie und die Gruppe ist.

2. Zur Vorbereitung kann gehören, dass Sie die Struktur – Thema, Ziel, Ablauf mit seinen Teilschritten – auf ein Plakat schreiben und zur Besprechung mitbringen.

3. Nummerieren Sie die einzelnen Teilschritte des Ablaufs. Für unsere Konzentration als Moderator/inn/en und als Teilnehmer/innen sind derartige Strukturen hilfreich.

Auf einen Flip-Chart übertragen könnte das so aussehen:

	Beispiel 1	Beispiel 2
Tagesordnungspunkt:	Tag der offenen Tür im kommenden Jahr	Tag der offenen Tür im kommenden Jahr
Ziel der Beratung	Wir wollen entscheiden, ob wir einen Tag der offenen Tür durchführen und wie wir ihn gegebenenfalls organisieren.	Wir legen das Programm des nächsten Tages der offenen Tür und die nächsten Schritte fest.
Ablauf/Teilschritte (Zeit in Minuten)		
10	1. Welche Rahmenbedingungen gibt es? (Kurze Information)	1. Was steht bereits fest? (Kurze Information)
15	2. Welche Erfahrungen mit Tagen der offenen Tür haben wir gemacht?	2. Welches Ziel verfolgen wir mit einem Tag der offenen Tür?
30	3. Was spricht für einen Tag der offenen Tür? Und was dagegen?	3. Welche Inhalte und Angebote fallen uns ein?
15	4. Wie entscheiden wir uns?	4. Mit welchen dieser Programmpunkte können wir unser Ziel erreichen?
15	5. Welche organisatorischen Aufgaben fallen ggf. an?	5. Was sind die nächsten Schritte? Wer übernimmt was?
15	6. Was sind die nächsten Schritte – und wer übernimmt was?	

Hintergrund

Hinweise zu einer klaren Strukturierung finden sich in der Literatur nur selten. Eine Ausnahme ist Seifert (1994), S. 27-30.

Die hier vorgeschlagene Strukturierung , die sich in der Praxis inzwischen zigtausendfach bewährt hat, geht zurück auf Herbert Leger, der sie in seinen Gesprächsleitungstrainings über Jahrzehnte hinweg vermittelt hat.

Vorbereitung einer Moderation

1. Tagesordnungspunkt: ....
(Beratungspunkt Thema)

2. Ziel der Beratung: ....

....

....

....

3. Ablauf
(Teilschritte/Teilziele) 1. ....

4. Zeitplan 2. ....

3. ....

4. ....

5. ....

Einige Grundregeln der Gesprächsleitung

Gespräche schon bei der Vorbereitung strukturieren

Eine Gesprächsstruktur erleichtert es Ihnen und der Gruppe, beim roten Faden zu bleiben. Deshalb nochmals: Überlegen Sie sich bei Ihrer Vorbereitung – und notieren Sie sich schriftlich:

1. Thema bzw. Tagesordnungs-/Besprechungspunkt
2. Ziel des Beratungspunktes
3. Ablauf/Teilschritte des Gesprächs
4. Zeitplan hierfür

Regeln sind keine Vorschriften, sondern Impulse.

Mit der Gruppe den Ablauf klären

Gesprächsgruppen sollen und wollen wissen, „wohin die Reise geht"; das entspricht einfach dem menschlichen Sicherheitsbedürfnis. Gemeinsam Ziel und Ablauf zu klären passt außerdem zu einem partnerschaftlichen Arbeits- und Moderationsverständnis. Es richtet die Energie auf ein Ziel aus und garantiert auch die Rückbindung des Moderators an das Team. Die gemeinsame Klärung und Festlegung stellt im Sinne der Transaktionsanalyse einen Vertrag dar, der den Moderator und die Gesprächsgruppe bindet.

Gehen Sie – entsprechend Ihrer Vorbereitung – so vor:

	Beispiel 1: *Mitarbeiterteam einer Bildungseinirchtung*	*Beispiel 2:* *Vereinsvorstand*
1. Nennen Sie das **Thema** klar und deutlich – das konzentriert die Aufmerksamkeit (evtl. eine kurze Begründung für das Thema nennen).	„Unser nächster Beratungspunkt: **Veranstaltungsplanung für das kommende Halbjahr**"	„Als nächster TOP steht an: **Erhöhung der Mitgliedsbeiträge.** Der Punkt steht auf der Tagesordnung, weil bei der Beratung des Haushaltsplans in der Mitgliederversammlung die Finanzknappheit deutlich wurde ..."
2. Sagen Sie, was Sie als Beratungs-**Ziel** dieses Punktes vorschlagen.	„Ziel der heutigen Beratung: Wir legen fest, was aus unserer Sicht in das Programm hineingehören sollte." (Der endgültige Beschluss erfolgt dann nächstes Mal, nachdem die Realisierungsmöglichkeiten überprüft wurden.)	„Ziel unserer heutigen Beratung: Wir erstellen eine Entscheidungsvorlage für die nächste Mitgliederversammlung, ob – und gegebenenfalls in welcher Höhe – der Mitgliedsbeitrag erhöht werden soll."
3. Nennen Sie die einzelnen **Teilschritte**, wie vorgegangen werden soll – am besten in Form von konkreten Fragestellungen.	„Ich schlage vor, dass wir in folgenden Schritten vorgehen: 1. Welche Erfahrungen haben wir mit den Veranstaltungen des vergangenen Halbjahres gemacht bezüglich a) Nachfrage und Anmeldungen b) organisatorischem Aufwand? 2. Welche Veranstaltungen – sollen wir beibehalten? – sollten wegfallen? – sollten neu ins Programm? 3. Einigung auf ein (vorläufiges) Programm für das Halbjahr ... 4. Was muss bis zur nächsten Besprechung geklärt sein? Wer übernimmt dies jeweils?"	„Wir sollten den Punkt in folgenden Teilschritten angehen: 1. Welche Aufgaben hat unser Verein zu erfüllen – mit welchem finanziellen Aufwand? 2. Welche Möglichkeiten haben wir, unsere Finanzprobleme zu lösen? – Welche Aufgaben können ggf. wegfallen? – Gibt es andere Finanztöpfe? – Beitragserhöhung? 3. Zu welcher Entscheidung kommen wir unter diesen Gesichtspunkten? 4. Falls Beitragserhöhung: in welcher Höhe?"
4. Fragen Sie nach, ob alle mit dem vorgeschlagenen Ziel und Ablauf **einverstanden** sind.	„Sind Sie mit dem vorgeschlagenen Ziel und dem skizzierten Ablauf so einverstanden?"	„Einverstanden mit dem vorgeschlagenen Ziel unserer Beratung? Können wir so vorgehen?"

Bei Bedarf und konkreten Anlässen können Sie an dieser Stelle

- ➜ Ihre Rolle als Moderator klären (s. „Rolle und Aufgaben eines Moderators", S. 25)
- ➜ mit den Teilnehmern wichtige Vereinbarungen zum kommunikativen Verhalten treffen (s. „Regeln für Gesprächsteilnehmer", S. 119).

Das Gespräch gezielt einleiten

Allgemeine Aufforderungen zur Diskussion, z.B.: „Wer möchte etwas sagen?“, bringen oft nur allgemeine Beiträge – also Diskussionsbeiträge, die mit dem Thema oder dem jeweiligen Teilschritt unter Umständen wenig zu tun haben. Das ist kein böser Wille der Teilnehmer/innen; vielmehr reagiert das Gehirn auf die Impulse, die ein/e Moderator/in aussendet.

Das Gehirn reagiert auf Impulse.

Leiten Sie deshalb jeden Teilschritt mit einer dazu passenden, gezielten und aktivierenden Frage ein, z.B. :

- → „Sollen wir die Veranstaltung xy durchführen? – Wie stellen Sie sich dazu?“
- → „Was spricht für diese Veranstaltung?“
- → „Welche Ideen fallen Ihnen ein, um zu ...?“

Eine gute Hilfe und Grundlage, das Gespräch gezielt einzuleiten, sind die Teilschritte, wenn Sie sie in der Form konkreter und praktischer Fragen formuliert haben.

Am roten Faden bleiben

Abweichungen vom Thema oder vom jeweiligen Teilschritt/Abschnitt des Gesprächs passieren leicht. Sie kosten Zeit oder verhindern sogar, dass die Gruppe ihr Gesprächsziel, ihr angestrebtes Ergebnis erreicht.

Abweichungen führen auf Nebenpfade. Nebenpfade enden häufig im Nichts.

Es ist Ihre Aufgabe, die Teilnehmer am roten Faden zu halten. Wie macht man das?

Prüfen Sie die Gesprächsbeiträge daraufhin, ob

- → sie überhaupt zum Thema gehören, das die Gruppe behandelt.
- → sie zum momentan diskutierten Teilschritt gehören.
- → sie zu dem gerade diskutierten Aspekt gehören.

Was tun, wenn dies nicht der Fall ist? Generell gilt: Bei einem vom Thema oder Teilschritt abweichenden Beitrag benennen Sie (deutlich, freundlich, positiv), worüber die Gruppe gerade diskutiert und stellen den Beitrag (wenn er überhaupt zum Thema gehört) zurück.

Sie können z.B. sagen: „Wir sind gerade dabei, Ideen für unsere Veranstaltung zu sammeln. Wer was organisiert, darüber sprechen wir dann im übernächsten Punkt. Bitte bringen Sie Ihren Vorschlag dann an dieser Stelle ein.“

Wenn Sie als Gesprächsleiter/in sich bei diesem übernächsten Teilschritt daran erinnern, dass Sie den Beitrag des Teilnehmers A. vorher zurückgestellt haben und wenn Sie ihn nun auffordern, seinen Beitrag an dieser Stelle einzubringen: dann Kompliment für Ihre Wachheit und Ihren Leitungsstil!

Das Gespräch in Gang halten

In Gang halten heißt manchmal: ankurbeln; manchmal: bremsen.

Wenn das Gespräch sehr lebendig läuft und mehrere gleichzeitig sich zu Wort melden oder sprechen wollen oder wenn durcheinander geredet wird, stoppen Sie den Gesprächsverlauf bewusst („Moment, ich notiere erst mal Ihre Wortmeldungen"). Dann verfahren Sie wie folgt:

- ➜ **Wortmeldungen** aufschreiben; Namen vorlesen, damit jeder und jede weiß, dass und wann er oder sie an die Reihe kommt.
- ➜ Vergewissern Sie sich anschließend, dass keine weiteren Wortmeldungen mehr vorliegen oder übersehen wurden.
- ➜ Rufen Sie die Wortmeldungen der Reihe nach ab.

Dieses Vorgehen beruhigt und versachlicht.

Umgekehrt: Wenn das Gespräch nicht in Gang kommt, dann können Sie in drei Schritten vorgehen:

1. Fragen stellen
- ➜ Mit Sachfragen einsteigen. Meinungsfragen führen schnell zu einer unproduktiven Konfrontation.
- ➜ Offene Fragen stellen, an Erfahrungen anknüpfen, Beispiele bringen.
- ➜ Schweigen aushalten.
- ➜ Mit der eigenen Meinung zurückhalten, sie allenfalls in Frageform einbringen: „Was halten Sie von ...?"
- ➜ Informationsbasis überprüfen und ggf. herstellen.

2. Methodisch abwechseln
- ➜ Methoden einsetzen: Partnergespräche, Kartenabfrage ...
- ➜ eventuell Pause einlegen

3. Auf die Meta-Ebene gehen
- ➜ die Situation offen benennen und mit den Gesprächsteilnehmern reflektieren (Näheres dazu im Kapitel „Gespräche in Gruppen", S. 98)

Regeln vereinbaren

In manchen Situationen kann es Sinn machen, Regeln zu vereinbaren. Solche Situationen können sein:

- Teilnehmer fallen einander ins Wort.
  → „Ich möchte mit Ihnen die Vereinbarung treffen, dass Sie einander ausreden lassen. Können wir das so gemeinsam festlegen? Dann werde ich als Moderator/in auf die Einhaltung dieser Regel achten. Sind Sie auch damit einverstanden?"

- Teilnehmer führen Nebengespräche oder es kommt bei Wortbeiträgen zum Durcheinander.
  → vgl. Kapitel „Regeln für Gesprächsteilnehmer" (S. 119)

Zu Ergebnissen führen

Gespräche sollen zu einem Ergebnis führen und müssen keinesfalls unendlich lange dauern. Aufgabe des Moderators, der Moderatorin ist es, das Gespräch – wie bei einem Trichter – auf einen Punkt zulaufen zu lassen, an dem es zu einem gemeinsamen Ergebnis kommt – und zwar nicht erst ganz am Ende eines Tagesordnungspunktes, sondern bereits bei allen Teilschritten und Zwischenergebnissen.

Gespräche – wie bei einem Trichter – auf einen bestimmten Punkt zulaufen lassen

	Beispiel „Veranstaltungsplanung"	Beispiel „Erhöhung Mitgliedsbeiträge"
Ergebnis oder Zwischenergebnis formulieren, dabei auf Formulierungen aus der Gruppe zurückgreifen. (Oft lässt sich schon nach einigen Beiträgen, die in die gleiche Richtung gehen, eine Tendenz erkennen. Sie können sie als „mögliches" Ergebnis formulieren und unnötige Diskussionen dadurch erheblich abkürzen.)	„Ich habe mehrere Stimmen gehört, das Kommunikations-Seminar im Programm zu lassen."	„Ich fasse den Stand der Diskussion zusammen, wie ich es bei Ihnen gehört habe: Bei unseren Ausgaben lässt sich nichts mehr reduzieren. Andere Finanzquellen sind nicht vorhanden."
Die Gruppe fragen, ob sie dieses formulierte Ergebnis so akzeptiert. Bei Einwänden geht die Auseinandersetzung weiter.	„Sind Sie alle einverstanden damit?"	„Können wir das als gemeinsames Ergebnis unserer Diskussion so festhalten?"
Ergebnisse (bei Arbeitsgesprächen immer) protokollieren lassen und zwar in der Formulierung, die Sie der Gruppe zur Entscheidung vorgestellt haben. Protokollanten haben keine kreative Freiheit!	„Ich sehe Zustimmung. Dann bitte im Protokoll festhalten: ‚Kommunikationsseminar soll wieder stattfinden'."	„Sie stimmen zu. O.K., dann bitte im Protokoll notieren: ..." (nochmals wiederholen).

Ergebnisse durch Konsens statt durch Abstimmung

Achtung:

Abstimmungen vermeiden, weil überstimmte Teilnehmer kaum motiviert sind, das Ergebnis mitzutragen und umzusetzen. In politischen Gremien, in denen in der Regel formal abgestimmt wird, herrscht eine andere Situation: Die Gremien selbst müssen Entscheidungen nicht umsetzen, damit wird die Verwaltung beauftragt.

Keine Sorge: Die hier vorgeschlagene Methode führt bei richtigem Einsatz auch zu klaren Ergebnissen.

Ein abschließendes Dankeschön für die Mitarbeit tut dem Gruppenklima gut!

Hintergründe und theoretische Ansätze

Die Regeln leiten sich aus dem Grundverständnis von Moderation ab.

Insoweit Moderator/inn/en im Auftrag eines Teams, mindestens aber in Rückbindung an das Team ihre Rolle wahrnehmen, kommt das Vertragskonzept der Transaktionsanalyse (TA) zur Geltung: Einen Vertrag hat Eric Berne, der Begründer der TA, definiert als eine explizite beiderseitige Verpflichtung, sich an ein klar definiertes Vorgehen zu halten. Dieses Konzept wenden insbesondere Berater im Umgang mit Klienten an. Den Hintergrund gibt das Menschenbild der TA ab: „People are OK“: Die Menschen sind in Ordnung so wie sie sind. „All das ergibt sich aus der Anschauung, dass jeder die Fähigkeit zu denken hat und letztlich für sein Leben verantwortlich ist. Er ist selbst derjenige, der mit den Konsequenzen dessen leben muss, was er beschließt“ (Stewart, I. & Joines, V., S. 373). Insbesondere dieses Menschenbild lässt es zu, die Beziehung zwischen Moderatoren und Teilnehmern unter dem Aspekt eines Vertrages zur gemeinsamen Zielerreichung zu betrachten.

Visualisieren – womit und wie?

- *Wo haben Sie seither Visualisierung erlebt?*
- *Wo setzen Sie sie selbst ein?*
- *Welche Erfahrungen machen Sie damit? Erleichtert es eine Moderation? Erschwert es sie?*

Wozu visualisieren?

„Visualisierung ist ein unverzichtbarer Bestandteil der Moderations-Methode." – *Klebert, Schrader & Straub* (1987, S. 119)

Visualisierung gehört heute zu (fast) jeder Bildungsveranstaltung, sie kann zu (fast) jedem Kommunikationsprozess in Teams gehören. Warum?

Im deutschen Wort „Anschaulichkeit" steckt schon ein Teil der Antwort. Dabei mag für Bildungsveranstaltungen der oft ins Feld geführte höhere Grad der Behaltensleistung wichtig sein. Die Grundaussage lautet hier:

Soviel können Sie sich merken beim:

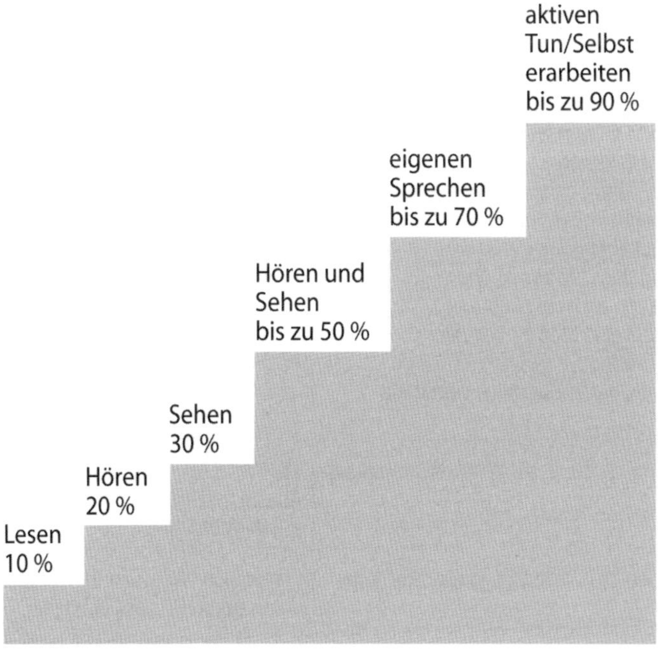

Eine höhere Behaltensleistung ist für Gesprächsgruppen nicht ausschlaggebend. Wichtige Vorteile einer für alle sichtbaren Visualisierung in Gesprächsgruppen sind hier vielmehr:

1. Sie **konzentriert** die Aufmerksamkeit der Teilnehmer auf den gerade anstehenden visualisierten) Punkt. Gleichzeitig kann sie den einzelnen Teilnehmer dazu bringen, sich in seinen Beiträgen auf das Wesentliche zu konzentrieren, wenn er/sie seine/ihre Aussage z.B. auf einer Karte mit drei Worten zusammenfasst.

2. Der Gesamtzusammenhang, der **rote Faden** bleibt für Teilnehmer und Moderator/in erkennbar, wenn der Ablauf, u.U. auch Informationen visualisiert werden.

3. Visualisierung zwingt zur Genauigkeit, zur Konkretion der diskutierten Punkte. Damit hilft sie, **Missverständnisse** (die immer Zeit kosten) zu **vermeiden**.

4. Informationen, Beiträge und Ergebnisse bleiben für alle verfügbar, können wieder abgerufen werden. Visualisierung trägt zur **Identifizierung der Teilnehmer mit dem Ergebnis** bei.

„Visualisierung ist für mich als Teammitglied ein Zeichen, dass die Moderation mit uns effektiv arbeiten will."

5. Wiederholungen werden vermieden, Widersprüche treten offen zutage. Das **spart Zeit und trägt zur Klarheit bei**.

Flip-Chart, Tageslichtprojektor/Beamer, Pin-Wand: Wann welche Medien einsetzen?

Zunächst sollten wir bei den Medien unterscheiden zwischen

geschlossenen Medien	**offenen Medien**
Typische Beispiele: Beamer, Film, Bücher; auch: die fertige, nicht mehr veränderbare Folie → vermitteln fertiges Wissen, „endgültige" Informationen → sind von anderen produziert → bieten keine Möglichkeit der Überprüfung → können guten Überblick vermitteln	Typische Beispiele: Flip, Tageslichtprojektor, Pin-Wand, Wandzeitung → Teilnehmer sehen und erleben, wie das Produkt entsteht → Lösungen entstehen durch und mit den Teilnehmern → Sie können die visualisierten Ergebnisse überprüfen. → Das Produkt kann unfertig wirken.
Zielt vorrangig ab ... auf Wissensvermittlung	Zielt vorrangig ab ... auf eigene Aktivität, Auseinandersetzung und Identifikation mit dem Ergebnis
Eignet sich für ... feststehende Informationen	Eignet sich für ... Beiträge, Ergebnisse, die in einem Prozess entstehen

Fazit: In der Moderation können wir in der Informationsphase mit geschlossenen Medien arbeiten, in allen anderen Phasen jedoch nur mit offenen Medien.

Für Gesprächsgruppen, die gemeinsam und im Prozess etwas erarbeiten, stehen somit drei Grundformen zur Verfügung:

Der Tageslichtprojektor (bzw. Beamer): oft hoch gelobt, ist er jedoch für Moderationen am wenigsten geeignet. Die ab S. 68 folgende Auseinandersetzung mit Vorteilen, Nachteilen und den Einsatzmöglichkeiten der einzelnen Medien macht dies deutlich.

Der Flip-Chart lässt sich charakterisieren als „überdimensional großer Schreibblock auf Beinen" (Gäde & Listing 1996, S. 126). Er sollte zur Grundausstattung für jede Gesprächsgruppe gehören.

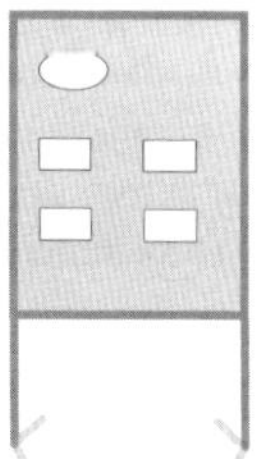

Die Pin-Wand ist ein „Markenzeichen" der Moderation. „Sie besteht aus beschichtetem Hartschaum mit Leichtmetallrahmen (Größe ca 50 x 125 cm). Sie eignet sich zum Anheften von Plakaten und Moderationskarten. Bei einer Moderation sind immer alle Tafeln mit Packpapier behängt, um auch spontan auf die Tafeln schreiben und Moderationskarten festkleben zu können. Die Pin-Wand ist freistehend und kann von beiden Seiten benutzt werden. Sie eignet sich auch als Raumteiler, um Kleingruppen oder Info-Stände voneinander optisch abzuschirmen" (*Klebert, Schrader* & *Straub* 1987, S. 161).

Im Folgenden sollen die Vor- und Nachteile, die Einsatzmöglichkeiten und -bedingungen dieser drei Grundformen verglichen werden.

Tageslichtprojektor und Folie (bzw. Beamer)

Vorteile	**Nachteile**
→ kann bei Tageslicht eingesetzt werden → geeignet für größere Teilnehmerkreise, da flexible Vergrößerung möglich → Blickkontakt zur Gruppe, zum Zuhörer → Folien können – je nach Arbeitsschritten – übereinander gelegt werden; Verwendung von Gegenständen → Bilder, Grafiken, Fotos sind projezierbar → PC-kompatibel → erarbeitete Ergebnisse (oder vorbereitete Arbeitsblätter) können direkt kopiert werden und als Protokoll dienen	→ Aufwand mit Gerät und Projektionswand → Abhängigkeit vom Stromnetz → störendes Geräusch des Ventilators → Gerät schafft Distanz zur Gruppe → Blick auf die helle Projektionsfläche ermüdet → Beschriftung erschwert wegen der Blendung → immer nur eine Folie sichtbar, daher ist kein gleichzeitiges oder vergleichendes Arbeiten an mehreren Darstellungen möglich
Einsetzbar bei	**Zu beachten ist**
→ Informationsteilen mit Grafiken, Modellen → Erarbeitungen mit der Gruppe. Dafür eignen sich „halbfertige“, zu ergänzende Folien mit Rastern, Gliederungen (typisches Beispiel: Aktionsplanung). → komplexen Inhalten, wenn Flip-Chart zu aufwendig ist bzw. sich Folien (durch kopierbare Vorlagen) einfach herstellen lassen	→ Fertige Folien sollen Übersicht geben und Zusammenhänge verdeutlichen – auf keinen Fall jedoch „Lesefolien“ sein. → Bei Erklärungen anhand der Folie (z.B. mit Stift) nicht den Blick auf die Projektionsfläche richten und in diese Richtung sprechen, da Sie hier der Gruppe der Rücken zudrehen → Folien(teile) nicht abdecken. Für schrittweises Vorgehen ist die Aufklapp-Technik besser: ausgeschnittene Abdeckteile am Rande der Folie mit Klebefilm befestigen und zurückklappen, wenn sie benötigt werden. → Gerät nur begrenzte Zeit eingeschaltet lassen. Als Faustregel gilt: maximal zehn Minuten → Gerät und seine Ausrichtung auf die Projektionswand vor Beginn ausprobieren

Flip-Chart

Vorteile	**Nachteile**
→ beweglich und deshalb in allen Räumen einsetzbar → einfacher Transport → kein Strombedarf → Vorbereitung ist möglich → Plakate sind ständig verfügbar, können nebeneinander aufgehängt werden. → ermöglichen dadurch Gesamtüberblick und simultane Weiterarbeit (z.B. mit Gruppenergebnissen) → Charts können (z.B. in Untergruppen) mitgenommen werden	→ Wegen Lesbarkeit nur bei begrenzter Teilnehmerzahl einsetzbar → Beim Schreiben wird den Teilnehmern der Rücken zugedreht und der Kontakt unterbrochen. → begrenzte Arbeits-/Schreibfläche → Protokoll muss eigens erstellt werden (falls Foto-Protokoll nicht möglich oder nicht erwünscht.)
Einsetzbar bei	**Zu beachten ist**
→ schrittweisem Entwickeln von Ideen, Darstellungen von Sachverhalten, Erarbeitungen von Ergebnissen mit einer Gruppe → Gliederungen, Überblicken, stichwortartigen Informationen, die für die Gruppe ständig verfügbar und sichtbar bleiben sollten → Darstellung von Gruppenergebnissen, z.B. bei der Arbeit in Untergruppen → kleinen Gruppen als Alternative zur Pin-Wand	→ Konzentration auf wenig Text, deshalb: Wesentliches auswählen, verdichten, gestalten → deutliche Schrift: Druckbuchstaben; groß und klein schreiben; auf ca. 8-10 m Entfernung lesbar (ausprobieren!) → nicht gleichzeitig schreiben und reden → daher möglichst einen Schreiber finden → Aufhängemöglichkeit für beschriebene Plakate finden oder schaffen

Pin-Wand

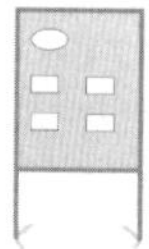

Vorteile	**Nachteile**
➜ Übersichtlichkeit ➜ Gliederungs- und Gestaltungsmöglichkeiten aufgrund der großen Fläche ➜ Große Flexibilität beim Sammeln, Bündeln, Zuordnen, Verändern und Umgruppieren von Ergebnissen oder Informationen ➜ Einsatz von Moderationsmethoden (z. B. Kartenabfrage), Moderationsmaterial (Karten, Farben), und weiteren Elementen der Gestaltung (Schemata, Grafiken ...) wird erheblich erleichtert ➜ „Das Pinboard entwickelt sich sozusagen mit dem Gesprächsprozess mit und bildet ihn dabei stets adäquat ab“ (Böning 1994, S. 103).	➜ Übertragung der Ergebnisse in Protokolle macht viel Arbeit und lässt ursprüngliche Aussagen und Gestaltung i. d. Regel nicht mehr erkennen. ➜ Foto-Protokolle mit Digitalaufnahmen oder Sondergerät sind möglich, jedoch oft schlecht lesbar. ➜ sperriger Transport (falls vor Ort keine Pin-Wand vorhanden) ➜ Aufwand an Papier und anderem Material
Einsetzbar bei	**Zu beachten ist**
➜ kleinen bis mittleren Gruppen (sechs bis ca. 15 Teilnehmern) ➜ Moderationsmethoden ➜ Sammlung von Stichworten, Ideen in der Gruppe und anschließender Strukturierung, z.B. nach Oberbegriffen ➜ Präsentation von Ergebnissen der Gruppen-, Partner- oder Einzelarbeit ➜ Darstellung von Sachverhalten, Gliederung von (Kurz-)Referaten, Informationspunkten	➜ Auf Lesbarkeit achten: Größe, Schrift (Druckbuchstaben), Groß- und Kleinschreibung ➜ Regeln für den Einsatz von Moderationskarten beachten (s. „Moderationsmaterial“, S. 72) ➜ Karten, Ovale, Kreise ... zunächst nur anpinnen, bis endgültige Gliederung steht; dann erst aufkleben ➜ Gliederung (als Moderator oder Informant) vorher überlegen und an der Pin-Wand ausprobieren

Die folgende Seite zeigt Ihnen, an welcher Stelle des Moderationsprozesses Sie welche Grundform zweckmäßigerweise einsetzen.

Visualisieren in der Moderation

In welchen Situationen?	Wozu – mit welchem Nutzen?	Mit welchem Medium?	Wie bzw. was beachten?
Überblick über Ablauf	zur Erhöhung der Konzentration und um Zusammenhänge zu erkennen	Plakat/Flip-Chart	– wenig Text – Schrift: Druckschrift; „Normal"-Schrift (groß/klein); Buchstaben eng setzen
Informationsteil eines Beratungspunktes	zur leichteren Verfügbarkeit der Informationen und zur Anschaulichkeit	Folie/ Tageslichtprojektor	– keine Lesefolien – Projektor nach je zehn Minuten wieder abschalten
Ideensammlung	zur Anregung für die Ideenproduktion (Assoziation)	Pin-Wand und Karten	– Konsistenz der Karten in Form (Rechtecke, Ovale, Kreise) und Farbe
Argumente sammeln: Pro und Contra	um die Akzeptanz anderer Sichtweisen zu erhöhen und zur besseren Konzentration	Karten	– Gliederung vorher überlegen
Ergebnisse fixieren	um Klarheit und Übereinstimmung zu erzielen und so zur Identifikation mit dem Ergebnis beizutragen	– offene Fixierung mittels Plakat – (im Prozess) verdeckt mit Folie,die als Gesamtergebnis vorgestellt werden kann	

Visualisierung: Auf die Schrift kommt es an

„An der Sorgfalt der Visualisierung kann man erkennen, wie die Moderatoren die Menschen achten und wie wichtig sie ihre Arbeit nehmen" – *Klebert, Schrader* & *Straub* (1987, S. 120).

Schriftgrößen und Filzstifte

Unterschiedliche Schriftgrößen kennen wir im Alltag aus Druckerzeugnissen, z.B. aus Zeitungen.

Verwenden Sie dünnere Filzstifte für Beschriftungen auf Karten, für Texte auf Charts oder Pin-Wände; dickere Filzstifte für Überschriften, Symbole und Verweise und schreiben Sie mit der Breitseite.

Groß- und Kleinbuchstaben

Kleinbuchstaben ergeben wegen ihrer unterschiedlichen Ober- und Unterlängen differenziertere Wortbilder, die unser Auge leichter unterscheiden kann. Überprüfen Sie das selbst am folgenden Beispiel:

VISUALISIERUNGSREGELN
Visualisierungsregeln

Druckschrift

Druckschrift ist besser lesbar und spart Platz.

Eng aneinander schreiben

Wortbilder sind leichter zu identifizieren, wenn die Buchstaben eng aneinander gereiht werden. Zwischen den Worten dann Abstand lassen.

Wenn Teilnehmer rätseln: „Was steht jetzt da vorne auf dem Plakat?“,ist mit Ihrer Visualisierung etwas schief gelaufen. Sie soll schließlich der Konzentration dienen – und nicht der Ablenkung.

Moderationsmaterial richtig eingesetzt

Das Grundmaterial für eine Visualisierung auf Pin-Wänden besteht aus folgenden Elementen:

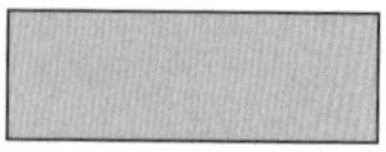

Rechtecke (Karten) in der Größe von 1/3 DIN A4 (10 x 21 cm)

Ovale (mit dem Außenformat 11 x 18 cm)

Kreise in mindestens zwei Größen (20 und 10 cm Durchmesser)

Selbstklebepunkte (Durchmesser 9 mm) für Ein-Punkt-Fragen und andere Bewertungen (s. „Moderationsmethoden“, S. 75)

Außerdem gibt es ein reiches Angebot an weiteren Größen, an Markierungs- und Hinweismaterialien, Wolken für Überschriften u.a. mehr. Entsprechende Angebote finden Sie z.B. bei der OWB.

„Alle Elemente, d.h. Farben, Formen, Symbole sollen sparsam verwendet werden. Erst dadurch entstehen die Klarheit und Präzision des Denkens und damit der Information, die an die Gruppe herangetragen werden soll“ (*Klebert, Schrader* & *Straub* 1987, S. 123).

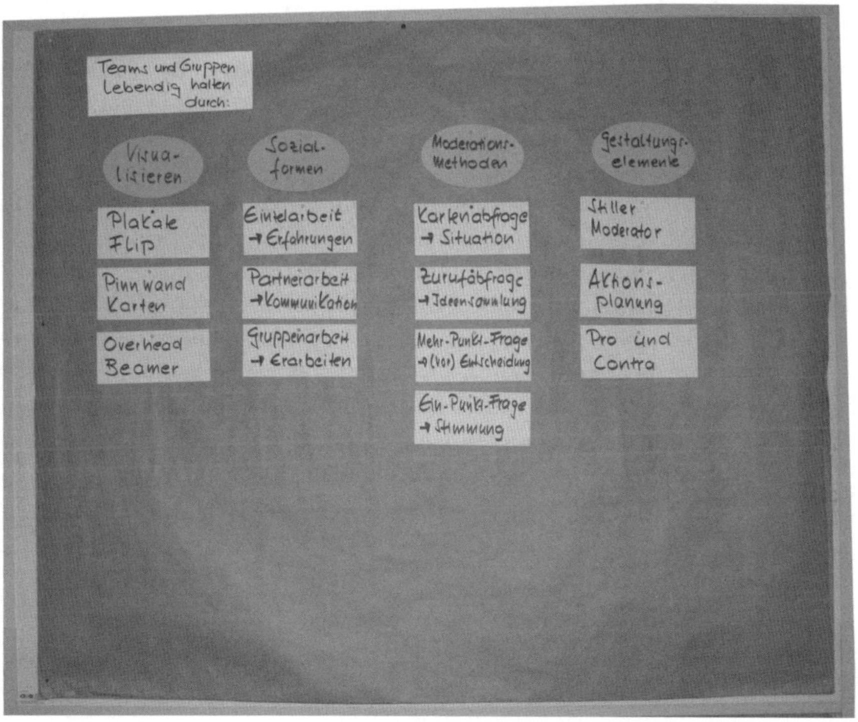

Anregungen für die Anordnung der Elemente

1. Bleiben Sie konsistent in der Verwendung: Verwenden Sie jeweils eine Form und eine Farbe für einen Vorgang. Beispiel:
   - Karten für die Aussagen von Teilnehmern
   - Ovale für Ergänzungen aus dem Plenum
   - Große Kreise für Überschriften oder Betonungen
   - Kleine Kreise, mit denen sich Teilnehmer z.B. einer Arbeitsgruppe zuordnen.

   Die Karten, Ovale, großen und kleinen Kreise können jeweils eine eigene Farbe haben. Verwirrend wäre es jedoch, wenn bei einer Form jeweils mehrere Farben auftauchten. Unterschiedliche Formen und Farben signalisieren Unterschiede. Prüfen Sie, ob solche vorhanden sind.

2. Bauen Sie Ihre Visualisierungen so auf, dass sie von links nach rechts und von oben nach unten laufen. Das entspricht unseren Lesegewohnheiten.

3. Planen Sie Abstände (nach unten und zur Seite) in der Größe der Karten ein, also 15 cm nach unten und ca. 25 cm zur Seite. Warum? Das Auge gewöhnt sich an das von den Karten vorgegebene Raster.
4. Pinnen Sie die Karten, Ovale und Kreise zunächst an die Wand. Aufkleben sollten Sie sie erst dann, wenn die Visualisierung endgültig „steht".

Praxistipp

1. Keinen **Visualisierungs- und Kartenfetischismus** treiben. Es muss den Teilnehmern einsichtig sein oder werden, „dass man das brauchen kann". Es gibt bereits Gruppen, Teams und Organisationen, in denen die Mitglieder „karten-müde" sind.
2. Bitten Sie Ihre Gruppenmitglieder, beim Einsatz von Karten die ausliegenden **Filzschreiber** zu verwenden und groß zu schreiben. Häufig ist es notwendig, dies zu begründen und zu erläutern.
3. Bei Schreibhemmung in einer Gruppe: **Partnerarbeit oder Zurufabfrage** (bei der jemand aus der Gruppe die Schreibarbeit übernimmt) statt Einzelarbeit. Das Gefühl, sich in der Gruppe blamieren zu können, bewirkt Kommunikationshindernisse wie Angst, Hemmung, Aggression.
4. Probieren Sie bei Visualisierungen Platzeinteilung, Anordnung, Einteilung **zuvor** aus. Das gibt Ihnen Sicherheit.

Moderationsmethoden – Gestaltungselemente – Arbeitstechniken

Moderatoren, Gesprächsleiterinnen,
- die ihre Gesprächsabläufe effektiv und lebendig gestalten wollen,
- denen ein gutes menschliches Arbeitsklima am Herzen liegt,
- die ein Team, eine Gruppe auf die anstehenden Sachfragen konzentrieren wollen,

steht ein umfangreiches Repertoire an Handlungsmöglichkeiten zur Verfügung. Dazu zählen – in diesem Buch schon behandelt:
- die Auswahl passender Gesprächsformen
- die Strukturierung von Gesprächsabläufen
- Grundregeln der Gesprächsleitung
- Möglichkeiten der Visualisierung.

In diesem Kapitel werden diese Anregungen weitergeführt und ergänzt durch Moderationsmethoden, Sozialformen und Gestaltungselemente (eine Definition und Unterscheidung dieser Begriffe finden Sie am Schluss dieses Kapitels unter „Hintergrund"). Dazu eine Vorbemerkung:

Das Methoden-Repertoire in der Arbeit mit Gruppen ist in den letzten 25 Jahren enorm gewachsen. Gesprächsgruppen, Bildungsveranstaltungen, Teambesprechungen und Projektarbeit werden dadurch lebendiger. Mancherorts trifft man jedoch bereits auf Methodenmüdigkeit, was häufig damit zusammenhängt, dass Methoden wahllos – genauer: ziellos – eingesetzt werden. Entscheidende Faktoren für die Auswahl von Methoden sind:
- die **Zielsetzung**: Was soll bei einem bestimmten Beratungspunkt erreicht werden (z. B. Ideen sammeln, entscheiden, sich austauschen ...)?
- die **Teilnehmergruppe**: Welche Erfahrungen mit Methoden sind vorhanden, wie offen, motiviert, kommunikationsfähig ist die Gruppe? Sind Kommunikationshindernisse anzutreffen?
- die **äußeren Gegebenheiten**: Was lässt der Raum zu, welche Hilfsmittel sind einsetzbar?
- die **Fähigkeiten der Moderatorin**, des Gesprächsleiters: Welche Kenntnisse und Erfahrungen mit Methoden sind vorhanden? Wie sicher fühlt er/sie sich?

Aus dem Fundus an möglichen Methoden wähle ich die aus, die typisch sind für Gesprächsgruppen und deshalb in der Regel auch als Moderationsmethoden bezeichnet und eingesetzt werden:

- ➜ Der erste Bereich (Kartenabfrage, Zurufabfrage) stellt Methoden vor, die in erster Linie die **Kreativität** anregen und Ideen liefern.
- ➜ Beim zweiten Schwerpunkt (Einpunkt-, Mehrpunkt-Fragen) liegt die vorrangige Zielbestimmung auf der **Entscheidungsfindung**.
- ➜ Beim dritten Komplex handelt es sich im strengen Sinn nicht um Methoden, sondern um **unterstützende Gestaltungselemente**, die sich mit Methoden (z.B. Kleingruppenarbeit) verbinden lassen.

Sozialformen

Von den Moderationsmethoden zu unterscheiden, für methodisches Arbeiten in der Moderation jedoch wichtig sind die Sozialformen. Sie kennzeichnen, wie die Beteiligten einander zugeordnet sind, in welcher Gesellungsform sie miteinander an Themen arbeiten.

Sozialform	Dient dazu ...	Verwendbare Moderationsmethoden bzw. Gestaltungselemente
Einzelarbeit	sich an persönliche Erfahrungen zu erinnern, sich auf weitere Schritte vorzubereiten	Impulsblätter
Partnerarbeit	Kommunikationsblockaden abbauen, sich austauschen, mit dem Gegenüber Kooperation einüben	Karten für anschließende Kartenabfrage oder Zurufabfrage
Kleingruppenarbeit	Inhalte, Lösungen kooperativ und kreativ erarbeiten	stiller Moderator
Plenum oder Großgruppe	Lösungen gemeinsam festlegen, Entscheidungen treffen	Arbeitsgespräch

Kartenabfrage

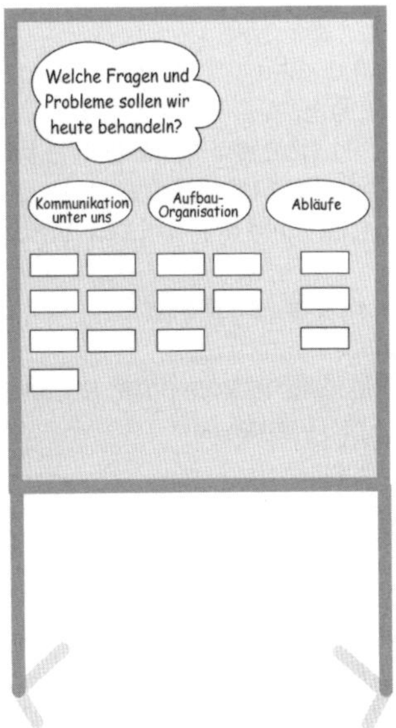

Wozu?
- Um Ideen, Vorschläge, Beratungspunkte, Meinungen ... zu sammeln und dabei die Vielfalt sichtbar zu machen.
- Um heikle Themen, Probleme und kritische Meinungen (die sonst oft zurückgehalten werden) ans Tageslicht zu bringen.
- Um einen raschen Überblick zu erhalten, wo die Gruppe bezüglich eines Themas steht.
- Um einen offenen bzw. ungeplanten Ablauf zu strukturieren (also nicht geeignet, wenn der Moderator, die Moderatorin den Ablauf vorweg schon ganz durchstrukturiert hat und ihn durchziehen will).

- Um möglichst alle – gerade auch die Stillen – einzubeziehen und die Gruppe zu aktivieren
- Um Vielredner zu bremsen.

- Um ähnliche Beiträge zusammenfassen und die Antworten systematisieren zu können.

Wie?
- Frage formulieren und auf Pin-Wand schreiben (evtl. Beispielantwort formulieren)
- Gebrauch der Moderationskarten erklären:
  „nur Stichworte"
  „deutlich und mit Filzer schreiben"
  „für jeden Beitrag eine Karte"
  evtl. Kartenzahl begrenzen
- Teilnehmer in Ruhe nachdenken und selbst schreiben lassen.

- Karten einsammeln.
- Karten einzeln vorlesen, mit der Gruppe nach Zusammengehörigkeit (bzw. Zugehörigkeit zu einem Block) an der Pin-Wand sortieren.
- Evtl. Überschriften für Blöcke finden.
- Blöcke evtl. einrahmen.

- Weiterarbeit ankündigen (z.B. Prioritäten setzen durch Punkte; Block für Block diskutieren; Gruppenarbeit zu einzelnen Schwerpunkten).

Was beachten?
- Bei größeren Gruppen Kartenzahl begrenzen.
- Die Kartenabfrage eignet sich für kritische Themen. Deshalb Anonymität wahren und Karten nicht von den Schreibern selbst vorlesen lassen
- Beim Vorlesen keine Wertungen der Beiträge durch den Moderator oder die Gruppe.

- Keine Karte „unter den Tisch fallen" lassen.
- Doppelte Kartenbeiträge nicht aussondern, sondern untereinander heften.
- Nicht nach dem Schreiber, der Schreiberin einer Karte fahnden. Stattdessen die Gruppe um eine gemeinsame Interpretation bitten.

- Unverständliche oder absolut nicht einzuordnende Karten an den Rand pinnen (in den „Speicher").

Zurufabfrage

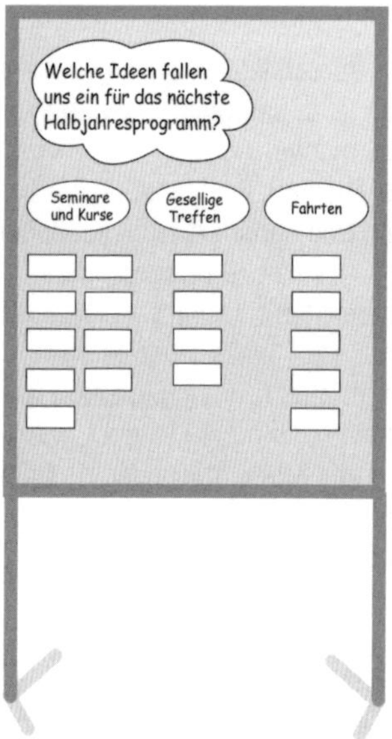

Wozu?

- Um spontan und kreativ Ideen, Lösungen, Vorschläge, Fragen ... zu sammeln.
- Um möglichst viele und fantasievolle Vorschläge zu bekommen (das bedeutet: Ordnen und Zusammenfassen steht hier nicht im Vordergrund).

- Um die Gruppe ohne Vorbereitung in kurzer Zeit zu aktivieren.
- Um vorzeitige Diskussionen (oft schon bei der ersten Idee) zu vermeiden.

- Um Mehrfachnennungen (wie bei der Kartenabfrage) zu vermeiden.

Wie?

- Der/die Moderator/in stellt eine offene, anregende Frage, die er/sie auf die Pin-Wand oder ein Plakat schreibt.
- Er/sie erklärt, dass zuerst gesammelt, dann diskutiert wird.
- Die Zurufe werden mit Stichworten jeweils auf einer Karte notiert (als Moderator/in überlange Zurufe „kartengerecht" zusammenfassen).

- Die Karten werden anschließend noch einmal vorgelesen und können dann – wie bei der Kartenabfrage – nach Zusammengehörigkeit gebündelt und an die Wand gepinnt werden.

- Weiterarbeit wie bei der Kartenabfrage.

Was beachten?

- Zurufabfragen (bei der die Beiträge offen vor der Gruppe genannt werden) eignen sich nicht für „heikle" Themen, für die Benennung von Problemen oder für Situationen, in denen die Gruppenteilnehmer nicht unbefangen sind.
- Zurufabfrage (statt Kartenabfrage) insbesondere dann einsetzen, wenn viele Beiträge zu erwarten sind.

  Zurufabfragen erfordern (wie mündliches Brainstorming) schnelles Schreiben. Deshalb zwei Schreiber einsetzen.

- Vermeiden, dass sich nur einige beteiligen. Deshalb (wie bei der ursprünglichen Form des Brainstormings) die Ideen „der Reihe nach" zurufen lassen.

Punkt-Fragen: Einpunkt- und Mehrpunkt-Fragen

Bei den im Folgenden vorgestellten *Punkt-Fragen* werden eine oder mehrere Fragen von jedem Teilnehmer, jeder Teilnehmerin mittels eines Klebepunktes gewichtet „beantwortet“. Punkt-Fragen schaffen Transparenz über Stimmungen, Einstellungen der Gesamtgruppe (Schwerpunkt der Einpunkt-Fragen) oder führen zu schnellen und spontanen Entscheidungen (Mehrpunkt-Fragen). Wie jede Methode aktivieren sie die Gruppe – mit dem zusätzlichen Vorteil, dass jede und jeder ihren und seinen Platz verlässt. Dadurch entstehen räumlich-körperliche Bewegung und Lebendigkeit.

Einpunkt-Fragen

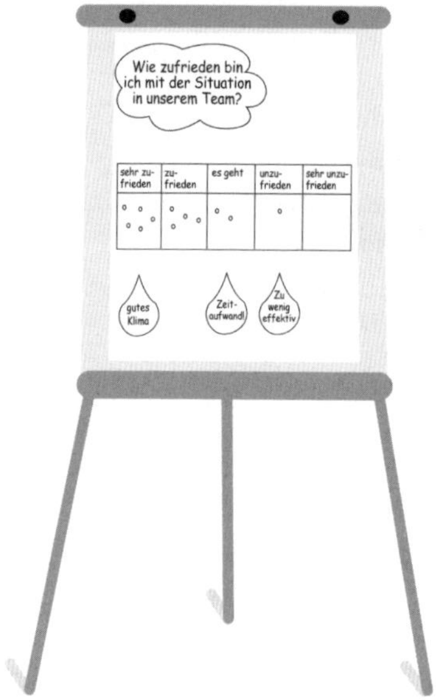

Wozu?

- Vorrangig, um Stimmungen, Haltungen, Einschätzungen einer Gesamtgruppe zu verdeutlichen.
- Zum Einstieg, als Zwischenbilanz in jeder Phase (Blitzlicht), zum Abschluss (Feedback.)
- Um die Vielfalt und Widersprüchlichkeit der Einstellungen und Meinungen in einer Gruppe sichtbar zu machen.

- Um Bewegung in eine Gruppe zu bringen und sie zu aktivieren.
- Um aktiv in eine Auseinandersetzung einzusteigen.
- Um Gefühle und Stimmungen, die eine Sachdiskussion beeinflussen, deutlich zu machen.
- Um die Dominanz von Meinungsführern zu begrenzen und der Gruppenmeinung mehr Gewicht einzuräumen.

Wie?

- Der/die Moderator/in formuliert die auslösende Frage – konkret und in der Alltagssprache – und schreibt sie auf ein Plakat oder eine Pin-Wand.
- Er oder sie fügt eine Skala (oder ein Koordinatenfeld) hinzu.
- Sie oder er erläutert die jeweiligen Spielregeln.

- Jeder Teilnehmer markiert seine Position mit einem Punkt an der Pin-Wand.

- Der/die Moderator/in fragt die Gruppe, wie sie das Ergebnis interpretiert („Was sagt Ihnen dieses Bild?") und schreibt die Kommentare in Stichworten unter das Bild.
- Gegebenenfalls überlegt er/sie mit der Gruppe, welche Konsequenzen – z.B. für den weiteren Ablauf – sich ergeben („Was brauchen wir, um heute arbeitsfähig zu sein?").

Was beachten?

- Die Skala oder das Koordinatenfeld sollten Sie vorher auf Plakat oder Pin-Wand vorbereiten.

- Ungeübten Gruppen sollte ein Beispiel für die Beantwortung der Frage vorgestellt werden.

- Anonymität wahren: keine Rückfrage stellen (oder aus der Gruppe zulassen): „Wer hat den Punkt dort hingeklebt?!"

Weitere Beispiele für Einpunkt-Fragen

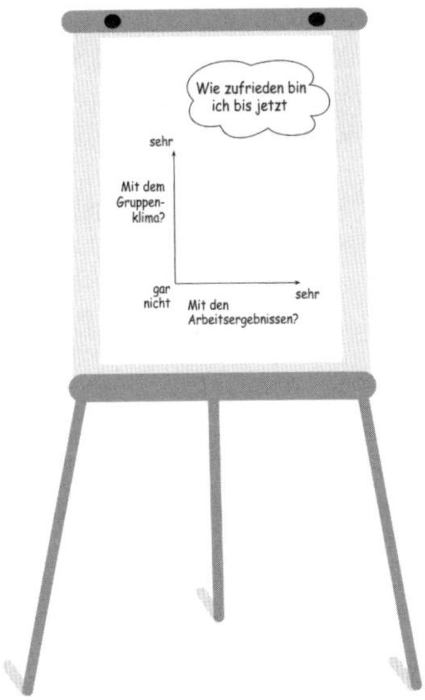

Zur Zwischenreflexion

- Koordinatenskala als Möglichkeit der Zwischenreflexion oder zum Abschluss eines Gruppengesprächs.
- In der Regel ist es erläuterungsbedürftig, dass hier nur ein Punkt gesetzt wird.
- Die Fläche kann auch in vier Quadrate aufgeteilt werden. Dann fällt das Punkten etwas leichter.

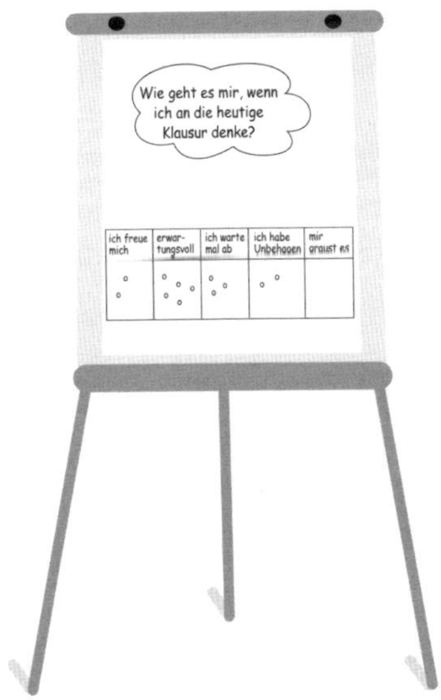

Um Erwartungen oder die Stimmungslage zu erheben

- Geeignet, wenn Unsicherheit über die Stimmungslage innerhalb der Gruppe besteht.
- Die Vorgaben zeigen, dass man auch negative Einstellungen und Gefühle haben „darf".

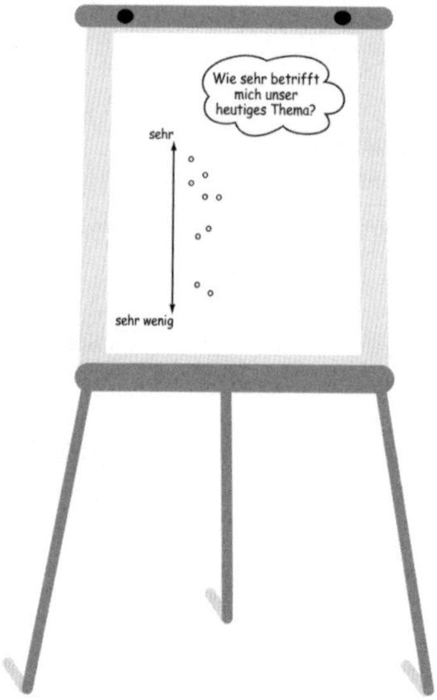

Um Beteiligung und Motivation zu klären
Nach dem Punkten ist es – wie auch bei den anderen Einpunkt-Fragen – wichtig, zwei Fragen mit der Gruppe zu besprechen:

- „Welches Bild ergibt sich hier für Sie?"
- „Welche Konsequenzen hat das für unser gemeinsames Arbeiten?"

Für das Team kommt mit diesen Fragen und Impulsen die gemeinsame Verantwortung noch mehr in den Blick.

Mehrpunkt-Fragen

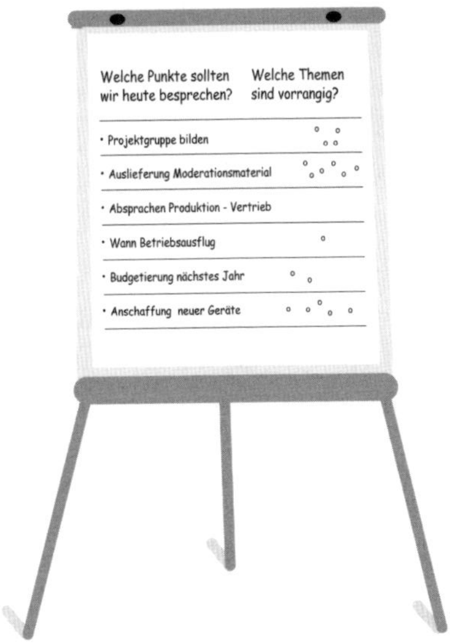

Wozu?

- Um Themen und Lösungen zu gewichten und Prioritäten zu setzen.
- Um eine Auswahl unter mehreren Alternativen herbeizuführen und zu schnellen (Vor)Entscheidungen zu kommen.
- Um alle bei der Entscheidungsfindung „sichtbar" einzubeziehen.

Wie

- Themen, Aspekte, Alternativen auf Plakat oder Pin-Wand auflisten.
- Jeder Teilnehmer erhält eine bestimmte Anzahl von Klebepunkten (höchstens halb so viele wie Alternativen).

  Vereinbaren, ob „kumulieren" (z.B. max. drei Punkte für eine Alternative) erlaubt ist.
- Punkte auszählen, Rangfolge erstellen.

Was beachten

- Vor dem Punkten überprüfen, ob einige Alternativen sehr ähnlich sind. In diesen Fällen zusammenfassen. (Andernfalls führt die Zersplitterung zu keinem klaren Bild und die Gruppe beginnt eine Diskussion über die Relevanz des Ergebnisses.)
- Mehrpunkt-Fragen führen oftmals zu überraschenden Ergebnissen, die nochmals verhandelt werden müssen. Sie haben damit auch den Status von notwendigen Zwischenklärungsprozessen.

Gestaltungselemente: Stiller Moderator und Mind-Maps

Elemente, um Plakate und Pin-Wände zu gestalten, lassen sich in vielen Moderationssituationen hilfreich einsetzen. Trotz aller Vielfalt, die man in Moderationshandbüchern findet, sind es jedoch nur wenige Grundmodelle. Hier ein Beispiel für den Einsatz unterschiedlicher Gestaltungselemente – und gleichzeitig ein Anlass, daran zu erinnern, dass Visualisierungen insgesamt gezielt und sparsam verwendet werden sollten:

Einstieg:

Themenspeicher (die anstehenden Themen oder Fragestellungen werden auf einem Plakat untereinander notiert und dann evtl. gepunktet (vgl. Beispiel „Mehrpunkt-Abfrage")

Themen entfalten:

mithilfe eines Mind-Maps (s. Seite 86).

Bearbeitungsphase:

unter Verwendung eines „Stillen Moderators" in der Gesamtgruppe oder in Untergruppen (s. Seite 85).

Umsetzung:

visualisiert mit einem Tätigkeitskatalog, einer Aktionsplanung (s. Seite 87).

Die praktikablen und bewährten Gestaltungselemente – Stiller Moderator, Mind-Map, Tätigkeitskatalog/Aktionsplanung – werden jetzt im Einzelnen vorgestellt.

Stiller Moderator

(manchmal auch als „Kleingruppen-Szenario“ bezeichnet)

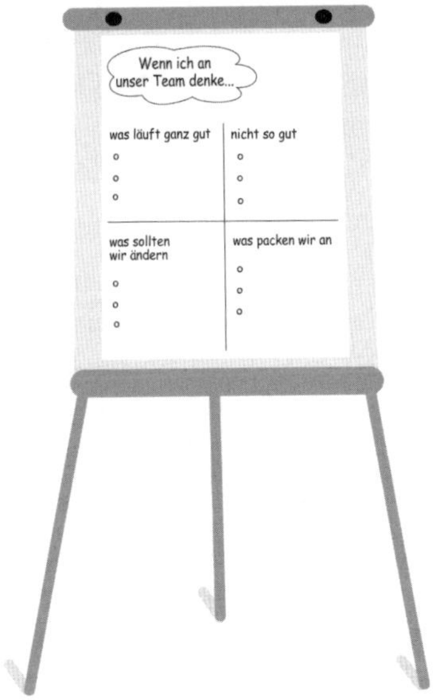

Wozu?

- Zur Strukturierung von Gesprächsabläufen in der Gesamtgruppe – mit dem Vorteil, dass die Gruppe den Überblick über die einzelnen Schritte hat.
- Als Arbeitsvorgabe für Kleingruppen (die meist ohne Moderator arbeiten), damit diese sich leichter auf die Aufgabe konzentrieren und sich weniger „zerreden“.
- Um zu begrenzten und bearbeitbaren Ergebnissen zu kommen.

Wie

- Thema und die vier Fragestellungen auf ein Plakat schreiben, für Untergruppen Plakate vorbereiten (lassen).
- Aufgabenstellung erläutern; bei Arbeit in Untergruppen: Ziel, Ablauf und Aufgabenstellung erläutern.
- Plakate mit den Ergebnissen aufhängen, von allen lesen („Info-Markt“) und Verständnisfragen beantworten lassen.
- Ergebnisse können in den Untergruppen auch auf Karten (oder A4-Bogen) geschrieben und dann in ein großes Gesamtplakat (auf Pin-Wand) hineingepinnt werden.
- Für die Weiterarbeit kann es hilfreich sein, wenn das Quadrat rechts unten erst von der Gesamtgruppe bearbeitet wird.

Was beachten

- Für Untergruppen Plakate mit der Einteilung vorbereiten.
- Eventuell in den vier Feldern mit Zeichen andeuten, wie viel Beiträge, Ideen, Lösungen ungefähr erbracht werden sollen.
- Info-Markt (s. linke Spalte) statt Gruppenberichten (die oft viel Zeit kosten) bewährt sich.
- Aufgabenstellung für Untergruppen in der Regel arbeitsteilig. Ausnahme, wenn unterschiedliche Gruppen (z.B. verschiedene Abteilungen eines Betriebs) gefragt sind.

Mind-Maps

Der Begriff bedeutet auf deutsch so viel wie Gedankenführer, Spinnennetz-Notizen oder Gedächtniskarte. Mind-Maps sind eine Kreativitätstechnik – vor allem zum Entwickeln, Planen und Strukturieren von Themen, zum Zusammenfassen von Ergebnissen. Sie lässt sich effektiv und leicht bei einer persönlichen Planung oder Ideensammlung einsetzen. In der Moderation gekonnt mit Mind-Maps umzugehen, ist schwieriger, weil sich nicht vorhersehen lässt, was an Ideen kommt und wie sich diese dann grafisch einordnen lassen.

In der Mitte eines Plakates (oder eines Blattes – wenn Sie es einmal für sich privat probieren wollen) wird ein Thema geschrieben und mit einem Kreis eingefasst. Von diesem Kreis gehen Äste, Verzweigungen ab, die das Thema in seine Hauptbereiche auffächern. Alle Ideen oder Planungspunkte, die nun genannt werden, können diesen Hauptverzweigungen zugeordnet und entsprechend angeschrieben werden.

Die unten stehende Grundstruktur stammt aus dem Buch von M. Kirckhoff: Mind Mapping (1993, S. 5), das eine gute Einführung und zahlreiche Beispiele enthält. Wie bei allen Methoden und Gestaltungselementen gilt im Übrigen auch hier: Man muss sehen, ob sie einem liegt. Erst dann stellt sich die notwendige Sicherheit ein.

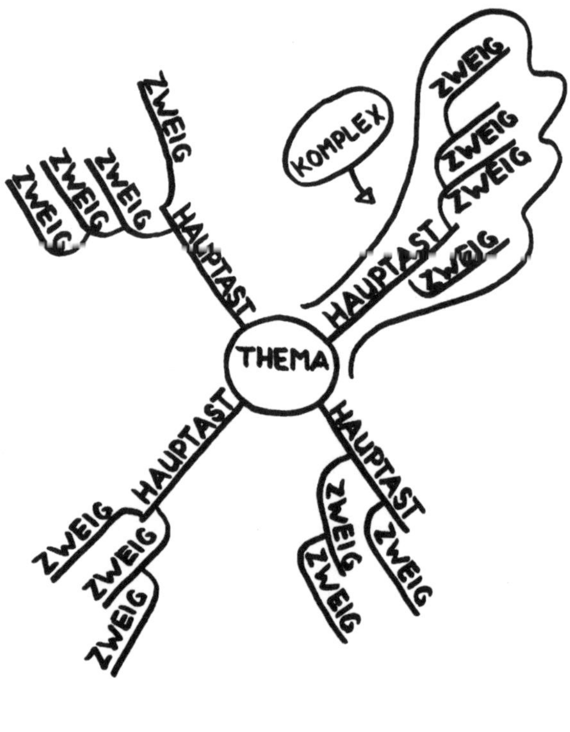

Aktionsplanung – Tätigkeitskatalog

Der Tätigkeitskatalog ist eine für alle sichtbar visualisierte Aktionsplanung. Der Vorteil liegt darin, dass alle Gruppenmitglieder beteiligt sind,

- die anfallenden Tätigkeiten zu sammeln,
- in eine logische Ordnung zu bringen
- und festzulegen, wer bis wann welche Tätigkeiten erledigt.

Bei gleichem Grundschema kann die Form sich wandeln:

- Verbinden Sie die Aktionsplanung mit dem Einsatz von Karten: Notieren Sie die anfallenden Tätigkeiten auf Karten, bringen Sie diese anschließend in die logische Ordnung und ergänzen Sie auf der Pin-Wand mit den übrigen Spalten.
- Oder Sie legen die Leer-Folie einer Aktionsplanung auf den Tageslichtschreiber, füllen sie für alle sichtbar gemeinsam aus und kopieren sie anschließend für alle Gruppenmitglieder als Arbeitsunterlage. Es gibt Planungsteams, die dies seit langem mit Erfolg praktizieren und dabei viel Zeit sparen, vor allem wenn sie standardisierte Aktionspläne verwenden.

Es folgt ein Beispiel einer Aktionsplanung.

Aktionsplanung

Projekt:
Durchführung einer Seminarreihe ab dem 20. November

Schritte:
1. Sammeln aller anfallenden Tätigkeiten
2. Aktionsplanung
3. Terminierung
4. Festlegung der Zuständigkeiten, Mitarbeit/Hilfe und Kontrolle/Rückmeldung

Tätigkeit	**am/bis**	**Zuständig**	**Hilfe/Mitarbeit**	**Rückmeldung/ Kontrolle**
Referent anfragen	1. Juli	Teamleiter		
Raum belegen	10. Juli	Teamleiter		
Flyer entwerfen	15. Sept.	Müller		
Flyer herstellen	1. Okt.	Müller		
Flyer verteilen, versenden	10. Okt.	Müller	Alle Teammitglieder	Teamleiter
Plakat entwerfen	1. Okt.	Sauter		
Plakate verteilen, aushängen	15. Okt.	Sauter	Müller	Teamleiter
Zeitungsankündigung verfassen	1. Nov.	Teamleiter		
Anmeldungen entgegennehmen	ab 1. Nov.	Gemeindebüro		
Eingang der Anmeldungen überwachen		Hauser		
Letzte Information an den Referenten	15. Nov.	Teamleiter		
Raum öffnen, vorbereiten	20. Nov.	Hauser		
Begrüßen, Verabschieden	20. Nov.	Hauser		
Nachbericht an Zeitung	22. Nov.	Hauser		
Auswertungsgespräch	10. Dez.	Teamleiter		

Auf der folgenden Seite finden Sie ein Leer-Formular zu Ihrer Verwendung.

Aktionsplanung

Projekt:

Schritte:
1. Sammeln aller anfallenden Tätigkeiten
2. Logische Ordnung und Eintrag in Aktionsplanung
3. Terminierung
4. Festlegung der Zuständigkeiten, Mitarbeit/Hilfe und Kontrolle/Rückmeldung

Tätigkeit	am/bis	Zuständig	Hilfe/Mitarbeit	Rückmeldung/ Kontrolle

Praxistipp

Alle eingesetzten Methoden sollten Sie selbst einmal erlebt haben. Wenn Sie Methoden neu einsetzen wollen, dann probieren Sie diese im „stillen Kämmerlein“ für sich aus. Überlegen Sie, welche Antworten Ihnen selbst auf bestimmte Impulse einfallen. Schnell werden Sie merken, was an Ihrer Planung und Ihrer Fragestellung stimmt und was Sie ändern müssen.

Generell gilt: Mit Ergebnissen, die sich aus dem Einsatz von Methoden ergeben, sollte weitergearbeitet werden.

Bei der Aktionsplanung ist für die Weiterarbeit hilfreich, wenn Tätigkeiten konkret benannt werden statt in abstrakten Oberbegriffen. Bei der Planung eines Tages der offenen Tür z.B. statt „Öffentlichkeitsarbeit“: „Text für Flyer erstellen“ oder „Presseartikel schreiben und weiterleiten“. Hier weiß dann jeder, was er zu tun hat.

Hintergrund

Der Einsatz von Methoden wurde in der Erwachsenenbildung schon vor vielen Jahren eingeübt, reflektiert und weiter ausgebaut. Peter Müller (1982) unterscheidet:

→ **Methoden:**
„... planmäßige Handlungs- und Aktionsweisen ..., mit denen in optimaler Weise versucht wird ... ‚Probleme anzugehen, Aufgaben zu bewältigen und gesteckte Ziele zu erreichen“ (a.a.O., S. 28).

→ **Medien**
sind in unserem Kontext vorrangig Arbeits- und Hilfsmittel.

→ **Sozialformen**
kennzeichnen die Art und Weise, wie die Beteiligten einander zugeordnet sind und wie sie miteinander und mit den Themen umgehen.

Teil III: Baukastenelemente für spezifische Gesprächssituationen

Konflikte in Gruppen, das Rollenverhalten einzelner Gruppenmitglieder, Passivität in Gruppen: Das sind einige spezifische Situationen, denen Moderatoren häufiger begegnen. Warum es zu diesen Situationen kommt und was zu tun wäre, darüber ließe sich jeweils ein eigenes Buch schreiben. (Auf vorhandene Literatur zu diesen Themen wird im jeweiligen „Hintergrund" verwiesen.)
Die folgenden Kapitel sollen – passend zu einigen ausgewählten Situationen, die Ihnen öfter begegnen können – Ihren Moderationsbaukasten praktisch ergänzen.

Mit Fragen und Interventionen leiten

Mit Fragen und Interventionen zu leiten, das entspricht dem Gesprächsleitungs- und Moderationsverständnis dieses Buches. (Ein ganz anderes Moderationsverständnis wäre: Mit eigenen Sachbeträgen leiten.) Fragen und Interventionen gehören zu den wichtigsten Werkzeugen des Moderators, der Moderatorin. Es ist für Moderator/inn/en deshalb eine lohnende Aufgabe, die entsprechenden Fähigkeiten auszubauen. Beginnen wollen wir mit dem Thema Fragen.

Moderieren heißt: Mit Fragen leiten, anstatt mit Sachbeiträgen zu dominieren.

Fragen, die Gesprächsleiter/innen besser nicht verwenden sollten

Suggestiv-Fragen

→ weil sie den Gefragten die gewünschte Antwort in den Mund legen.
Z.B.: „Sie sind doch sicher auch meiner Ansicht?!"

Killer-Fragen

→ weil sie den Gesprächsablauf „killen".
Z.B.: „Glauben Sie das wirklich?" Oder „Sind Sie da so sicher?

Mit Fragen einen Inhalt erfragen, anstatt mit Fragen zu manipulieren.

Grundarten von Fragen

Geschlossene Fragen

→ lassen nur eine Antwort bzw. Alternative zu. Damit schließen sie die Diskussion. Geeignet sind sie als Entscheidungsfragen.
Z.B.: „Sind Sie für diese Lösung?" Oder: „Können wir die Diskussion beenden?"

Offene Fragen

→ regen an, führen weiter, öffnen die Diskussion.
Z.B.: „Was möchten Sie hier besprechen?" Oder: „Welche Gesichtspunkte erscheinen Ihnen besonders wichtig?"

Fragen – eingeteilt nach Funktionen

Mit Fragen stimulieren, vertiefen, weiterführen, zu Ergebnissen kommen.

Öffnende, stimulierende Fragen

→ regen an, sorgen für eine offene Atmosphäre.
Z.B.: „Welche Ideen haben Sie?“ Oder: „Gibt es hierzu Erfahrungen in unserem Kreis?“

Verständnisfragen

→ sollen Klarheit verschaffen.
Z.B.: „Wie haben Sie das gemeint?“

Vertiefende, weiterführende Fragen

Z.B.: „Welche Argumente haben Sie dafür?“ Oder: „Wie lässt sich das begründen?“

Entscheidungsfragen

Z.B.: „Einverstanden so?“

Kontrollfragen

Z.B.: „Ist TOP 3 der letzten Sitzung erledigt?“

Fragen – eingeteilt nach Anlässen

Auf das Verfahren bezogene Fragen

→ klären Ziel, Struktur, Informationsstand und Abschluss einer Gesprächseinheit.
Z.B. „Welche Themen stehen heute an?“
„In welcher Reihenfolge gehen wir vor?“
„Welche Informationen benötigen wir noch?“

→ Sie dienen außerdem zur Überprüfung, ob sich die Gruppe noch auf dem Weg zum Ziel befindet und wollen die Teilnehmer/innen von „Nebengeleisen“ zurückholen.
Z.B.: „Können wir das Thema an diesem Punkt abschließen?“ Oder: „Halten Sie es für notwendig, dass wir uns dafür mehr Zeit nehmen?“

Die Sachdiskussion anregende Fragen

→ Hierzu gehören alle Fragen, die das Gespräch zielgerichtet in Gang bringen oder in Gang halten sollen.

→ Sie sollten herausfordern, aber nicht blockieren; sie sollen Erfahrungen und Meinungen erfragen, aber nicht überfordern oder bloßstellen.
Z.B. „Wodurch entstehen nach Ihrer Erfahrung die Probleme in unserem Betrieb?“ Oder: „Was können wir dagegen tun?“

Fragen auf der Meta-Ebene

- ➔ Die Gruppe tritt hier aus ihrem „Normalablauf" heraus und schaut sich selbst über die Schulter. Sie reflektiert ihren Stand, ihre Situation im Gesprächsablauf, ihre Beziehungen untereinander, ihre Arbeitsweise (vgl. zur Meta-Ebene Kapitel „Schwierige Situationen und Konflikte", S. 111).

- ➔ Dies kann in Form von Fragen geschehen.
  Z.B. „Mir fällt als Moderator auf, dass die Diskussion schleppend verläuft. Sehen Sie das auch so?" „Woran könnte das liegen?"

- ➔ Oder in Form einer Blitzlichtrunde – zum Einstieg, als Zwischenbilanz und zum Abschluss.
  Zum Einstieg: „Was versprechen Sie sich von dieser Sitzung?"
  Als Zwischenbilanz: „Wie geht es Ihnen momentan in der Gruppe?"
  Zum Abschluss: „Was sollten wir beim nächsten Mal wieder so wie heute, was sollten wir anders machen?"

  Regeln für die Blitzlichtrunde:
  ... nur zwei, drei Sätze
  ... keine Kommentare
  ... reihum sollte jeder und jede etwas sagen.

  Für das Blitzlicht bieten sich – als visuelle Methode – Einpunkt-Fragen an (vgl. Kapitel „Moderationsmethoden", S. 75).

Hier noch weitere Anregungen zur Gestaltung:

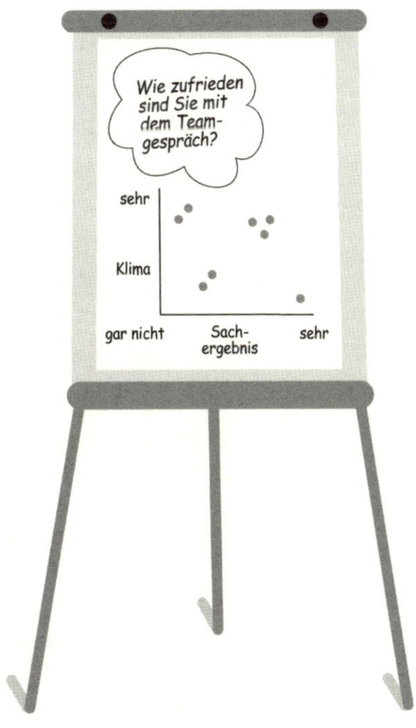

Interventionen

Sich als Moderator/in dazwischenstellen. Unterschiedlichkeit sichtbar machen, der Gruppe zur Verfügung stellen, damit aus Zweiheit ein Drittes, Neues entstehen kann.

Interventionen erfolgen zwar oft in Form von Fragen. Trotzdem sind sie anders und mehr als Fragen. Inter-venieren bedeutet zu deutsch „dazwischentreten" in ein laufendes Geschehen. Interventionen eines Moderators, einer Moderatorin dienen in erster Linie dazu,

- ➜ den Prozess der Gruppe in Gang zu bringen oder in Gang zu halten.
- ➜ Strukturen zu setzen.
- ➜ auf ein Ziel und ein Sachergebnis hinzuführen.
- ➜ ein positives Klima in der Gruppe zu schaffen oder zu erhalten.

Interventionen werden von Moderator/inn/en bewusst eingesetzt. Sie können einen konfrontierenden Charakter haben und/oder sich als kritischen Eingriff in das Gruppengeschehen darstellen.

Beispiele für Interventionen finden sich in diesem Buch an vielen Stellen, z.B. in den Kapiteln „Die Frau als Moderatorin" (S. 41), „Gespräche in Gruppen und Teams lebendig halten" (S. 98).

Feedback ist das Basisinstrument für Interventionen. Die „Drei-Satz-Form" macht es einfacher.

Eine einfache Grundform, wie Moderatoren und Moderatorinnen intervenieren können, ist der „Dreisatz" des Feedbacks:

- ➜ Ich nehme wahr ... (ich beobachte in der letzten Viertelstunde ..., mir fällt auf ...)
- ➜ Das bedeutet für mich ...
- ➜ Ich wünsche mir ...

Systemisch intervenieren

Im Umgang mit Menschen, Gruppen, Organisationen gewinnen sogenannte „systemische Interventionen" an Bedeutung . Sie sollen Strukturen, Prozesse, Menschen, Gespräche, die sich verfangen haben, wieder in Bewegung bringen und Blockaden lösen. Wer sie einsetzt, lässt sich von der Grundannahme leiten, dass man Menschen zu nichts zwingen kann und darf. Und: dass sich bei Menschen, Gruppen, Organisationen am ehesten etwas in Bewegung setzt, wenn man ihnen die Freiheit zur Entscheidung lässt. Dazu bedarf es der Konfrontation auf der Basis der Wertschätzung meines Gegenübers.

Systemische Interventionen: lösen Blockaden.

Einige Beispiele für systemische Interventionen:

Auflösung von Blockaden bei Einzelnen

„Das geht nicht!" – *„Was müsste passieren, damit es geht?"*
„Das kann ich doch nicht!" – *„Was bräuchten Sie, damit Sie es könnten?"*
„Das halte ich nicht für vernünftig!" – *„Wann wäre es für Sie vernünftig?"*

Bei Diskussionsverläufen, die unfruchtbar sind

„Sehen wir uns die letzte halbe Stunde an: Wohin führt das, wenn wir so weitermachen?"
„Wie groß ist wohl die Wahrscheinlichkeit, dass wir zu einem Ergebnis kommen?"

Bei Blockaden einer Seite

„Können Sie akzeptieren, dass die anderen (...) diesen Wunsch haben?"
„Was können Sie tun, damit Ihr Anliegen gehört und verstanden wird?"
„Was können wir ändern, damit andere sich ändern?"

„Situationsbewusst und angemessen zu intervenieren ist eine ständige Herausforderung für Trainer, Berater und Moderatoren, da in der lebendigen Situation kein Modell mindern kann, dass wir immer wieder selbst und ganz als Person in unserer Präsenz und mit unserem Mut und unserer Ausdauer gefordert sind. Nehmen wir diese Herausforderung: ‚Welche Frage/Forderung stellt die Situation an mich?' an!"
– *Irene Baumgartner*, Management Center Vorarlberg

Hintergrund

Systemische Interventionen berücksichtigen, dass sogenannte soziale Systeme – gemeint sind Gruppen, Organisationen, aber auch der einzelne Mensch – sich immer wieder selbst konstituieren, ins Lot bringen. Gleichzeitig sind die Einwirkungsmöglichkeiten von außen begrenzt. Das ist eine der Grundaussagen des sogenannten Konstruktivismus.

Gespräche in Gruppen und Teams lebendig halten – Gruppen aktivieren

- *Fallen Ihnen Situationen ein, in denen Sie den Eindruck hatten: Die Gruppe ist im Moment „lahm", sie verhält sich überwiegend passiv?*
- *Worauf haben Sie das zurückgeführt?*
- *Erinnern Sie sich, wie Sie reagiert haben? Hatten Sie damit Erfolg?*

Für Ihre Reaktionen auf inaktive Teams und Gruppen stehen Ihnen als Moderator/in **verschiedene Stufen** zur Verfügung. Es ist wie beim Begehen einer Treppe: am besten, man fängt mit der ersten Stufe an und steigt dann langsam höher ...

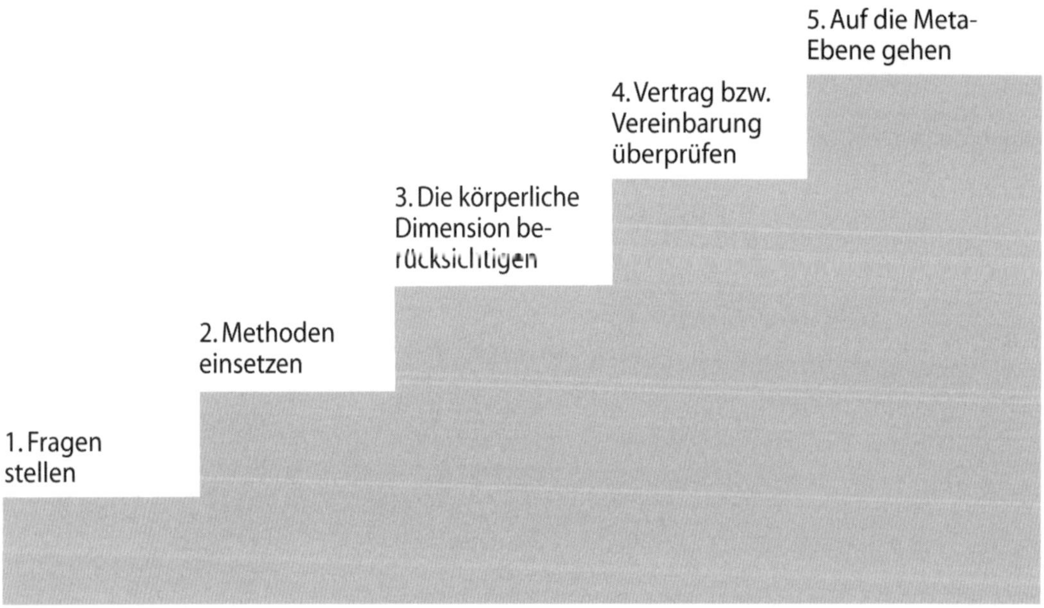

Bevor Sie die erste Treppenstufe betreten, sollten Sie ganz kurz, in Sekundenschnelle reflektieren,

- ob **Sie selbst als Moderator/in** im Gruppengespräch **zuviel Platz eingenommen**, zu viel gesprochen, vorgegeben oder informiert haben, so dass Ihr Team sich in eine wohlige Passivität zurückziehen konnte: „Unser/e Gesprächsleiter/in sorgt ja für alles ..."
- ob Sie Stille (nicht) aushalten.
- ob Sie (k)ein Klima entstehen ließen, in dem unterschiedliche Argumente und gegensätzliche Meinungen zum Zug kommen konnten und Offenheit und Toleranz entstand.
- ob Sie das Gruppengespräch im Rahmen der vereinbarten Strukturen leiten (Thema, Ziel, Ablauf) oder ob Sie ermüdende Abweichungen zulassen.

Eine Regel für die Arbeit mit Gruppen lautet: Je früher Gruppenmitglieder sich aktiv einbringen können, umso besser und länger hält die Gruppenaktivität durch.

Übrigens: Das kann und darf einem passieren! Entscheidend ist, dass wir als Moderator/inn/en unser Verhalten wahrnehmen, uns selbst ein „Stopp!" sagen – und dann einen weiterführenden Schritt machen, auf die erste Treppenstufe.

Was Moderatoren an Verantwortung in ihren Rucksack hineinpacken, das braucht die Gruppe nicht zu tragen.

1. Mit anregenden Fragen die Gruppe in Bewegung bringen

Einige Beispiele:

- Offene Fragen stellen: „Kennen Sie Beispiele für ... ?"
- An Erfahrungen ansetzen: „Haben Sie da schon Erfahrungen gemacht oder von anderen gehört ... ?"
- Thesen, Aussagen zur Verfügung stellen: „Was halten Sie von folgender Idee/folgender Aussage ... ?"

2. Aktivierende Methoden einsetzen

Im Regelfall überlegen wir uns im Vorfeld einer Moderation, welche Methoden wir einsetzen wollen und bereiten uns darauf vor (vgl. Kapitel „Moderationsmethoden", S. 75). Was jedoch tun, wenn die Situation „inaktive Gruppe" Sie unvorbereitet trifft? Wir machen gute Erfahrungen mit einfachen und natürlich wirkenden Methoden und Sozialformen, vor allem mit Einzel- und Partnerarbeit:

- „Denken Sie doch – jeder und jede für sich – fünf Minuten darüber nach ..."
- „Sprechen Sie doch mal mit Ihrem Nachbarn darüber, welche Ideen Ihnen einfallen ..."

Mit etwas Erfahrung lassen sich spontan auch Methoden einsetzen wie

- Kartenabfragen
- Brainstorming
- Einpunkt-Fragen

Kleingruppenarbeit hingegen will gut vorbereitet sein. Die Aufgabenstellung muss stimmen; Berichterstattung, Auswertung und Weiterarbeit mit den Gruppenergebnissen müssen vorüberlegt und vorgeplant sein.

3. Der Mensch besteht nicht nur aus dem Kopf – die körperliche Dimension

Aktivieren ist kein Selbstzweck. Aktivieren soll zu mehr Effektivität und zu mehr Humanität führen.

Inaktivität ist oft ein Ausdruck und eine Folge von Müdigkeit, Erschöpfung, Sauerstoffmangel und vielem Sitzen. Also:

- ➜ Pause einlegen und Fenster öffnen
- ➜ zwei oder drei Körperübungen, die Bewegung schaffen, auflockern und Spaß machen, parat haben und einsetzen. Dabei immer anbieten: „Wenn jemand nicht mitmachen will, dann ist das O.K. Setzen Sie sich für die Dauer der Übung einfach außerhalb des Kreises hin."

4. Arbeitsbedingungen und Gruppenvereinbarungen überprüfen

Einleitend können Sie bei diesem Schritt – aber auch bei den vorhergehenden – neutral, nicht-wertend Ihre Beobachtungen sagen, z.B.: „Ich beobachte gerade, dass die Beiträge nur zögernd kommen. Wie ist das:

- ➜ Sind Sie ausreichend informiert, um über das Thema weiterzuverhandeln?"
- ➜ Oder: „Ist das Thema für Sie weiterhin wichtig?" Oder: „Können wir die Tagesordnung so lassen?"
- ➜ Oder: „Als Ziel unserer Beratung hatten wir vereinbart ... – gilt das noch?"
- ➜ Oder: „Wofür möchten Sie Ihre Energie einsetzen?"

Als Moderator/in kann ich oft nur eine Hypothese aufstellen, woran es liegt, dass eine Gruppe inaktiv ist oder wird. Mit den genannten Fragebeispielen mache ich die gemeinsame Verantwortung klar, hole die Gruppe wieder ins Boot und aktiviere sie. Das ist der Übergang zur nächsten und letzten Stufe auf unserer Treppe.

5. Auf die „Meta-Ebene" gehen

Wenn die Treppenstufen eins bis vier zu keinem Erfolg geführt haben oder sich keine Hypothesen über die Gründe aufstellen lassen, dann kann noch diese letzte Stufe weiterführen. „Meta" bedeutet: Wir schauen uns über die eigene Schulter, wir sprechen eine begrenzte Zeit lang über unsere Kommunikation. Auch diese Stufe leiten Sie sinnvollerweise mit Ihrer eigenen Wahrnehmung ein, z.B.:

- ➜ „Ich habe den Eindruck, dass wir seit einiger Zeit nicht mehr vorankommen (oder: dass die Beteiligung nachlässt ... oder ...). Machen auch Sie diese Beobachtung?" Die Antworten können Ihre Beobachtungen bestätigen oder auch korrigieren, wenn die Gruppe es anders erlebt und mit dem Fortgang des Gesprächs ganz zufrieden ist.

- Die nächste weiterführende Frage: „Was denken Sie, woran könnte das liegen?" Die Gruppe beginnt hier, sich über die Schulter zu blicken.
- Ein weiterer, stärkerer Impuls, die Gruppe zum Nachdenken zu bringen, insbesondere bei einer verspannten Atmosphäre: „Lassen Sie uns das miteinander ansehen: Wohin führt das, wenn wir so weiterarbeiten, wie in der letzten halben Stunde? Macht es uns zufrieden? Kommen wir zu einem Ergebnis?"

Gesprächssituation und Gesprächsverhalten zu reflektieren, sich selbst über die Schulter blicken, bedeutet: sich als Gruppe, als Einzelne in die Verantwortung zu stellen.

Das Ergebnis einer gemeinsamen Reflexion besteht in einer neuen Vereinbarung über die Weiterarbeit – oder im Abbruch der Beratung. Auf alle Fälle haben sowohl Sie als Moderator/in als auch die Gruppe Klarheit gewonnen. Und das entlastet.

Gruppendynamisches: Entwicklungsphasen, Rollen und Spiele in Gruppen

Jede Gruppe hat eine Dynamik, immer bewegt sich etwas. Deutlicher tritt dies in Teams zutage, die über einen längeren Zeitraum zusammen sind, also in Gruppen oder Teams im engeren Sinn (vgl. Kapitel „Bilder – Vorstellungen – Definitionen“, Seite 12). Entwicklungen, Phasen und Rollen können Sie jedoch auch bei Arbeitsteams oder Sitzungen beobachten, die nur über einen kurzen Zeitraum oder einmalig zusammentreten.
Was gestaltet die Dynamik in einer Gruppe und – eingeschränkt – in einer Gesprächsgruppe?

Im Folgenden wird auf drei für die Moderation wichtige gruppendynamische Situationen intensiver eingegangen und zwar solche, die Moderator/inn/en so gestalten können, dass eine höhere Effektivität und ein besseres Klima in der Gruppe entsteht.
Weitere entscheidende Faktoren sind (vgl. Myhsok 1993):

- das ziel- und teilnehmerorientierte, rollenbewusste Verhalten von Moderator/inn/en, wie es Inhalt dieses Handbuches insgesamt ist
- die Position, die eine Organisation einem Team zuweist, mit klarer Funktionsbestimmung des Teams, hohen Erwartungen an seine Leistung und einem angemessenen Grad an Mitbestimmung.

Die zuletzt genannten Faktoren wirken sich positiv auf die Kohäsion eines Teams aus.

Entwicklungen in Gruppen – ein Modell mit vier Phasen

Denken Sie an Situationen in Gruppen, in denen die Mitglieder

- *manchmal abwartend und „vorsichtig“ miteinander umgehen ...*
- *oder unproduktiv streiten, Positionskämpfe untereinander austragen ...*
- *konstruktiv miteinander arbeiten.*

Kennen Sie andererseits Gruppen,

- *die nie aus der Streitphase herauskommen.*
- *oder andere, die zwar immer „lieb“ miteinander umgehen, aber letztlich unproduktiv bleiben.*

Was denken Sie, worauf dieses unterschiedliche Verhalten jeweils zurückzuführen ist?

Der Prozess, in dem Gruppen sich entwickeln, wird in der Regel mit vier Phasen umschrieben (s. auch „Hintergrund“ dieses Kapitels, S. 109):

Phase	Gruppenverhalten	Konsequenzen für Moderator/inn/en
Formierungsphase	In dieser Phase finden sich die Gruppenmitglieder zusammen – in der Regel ohne gemeinsame Ziele, Normen, Rollen und Strukturen. Die Angekommenen schwanken zwiespältig zwischen ➜ Nähe suchen und Distanz wahren ➜ im Hintergrund bleiben und sich doch zeigen ➜ geleitet werden und unabhängig bleiben wollen ➜ Neues ausprobieren und auf die Sicherheit des Vertrauten nicht verzichten können. Sie warten ab und verschaffen sich eine erste Übersicht, indem sie die anderen entdecken, prüfen, testen und in ihre mitgebrachten Bilder von Menschen, Gruppen, Leitungsverhalten „einordnen“. Hinter dem versteckten Wunsch nach Orientierung steckt die verstandliche Anfangs-Unsicherheit, die Suche nach dem eigenen Platz und der eigenen angemessenen Rolle in der Gruppe	Moderator/inn/en erleichtern der Gruppe den Einstieg indem sie sich für ➜ ein Klima der gegenseitigen Akzeptanz ➜ und für klare Arbeitsstrukturen einsetzen. Den Wunsch der Gruppe, der Leiter/die Leiterin solle führen, Ziele setzen, die Gruppe arbeitsfähig machen, dem Einzelnen Sicherheit vermitteln, sollten diese zwar aufgreifen, jedoch mit dem Ziel, die Gruppe nicht abhängig von ihrer Autorität zu machen, sondern Selbstorganisation und Eigenverantwortung zu fördern. Dazu gehört von Anfang an eine starke Rückbindung der Moderator/inn/en an die Gruppe, z.B. durch „Einverständnis-Fragen“.
Konfliktphase	Die Gruppe hat die erste Fremdheit abgelegt, die Teilnehmer zeigen mehr von ihrem „normalen“ Ich, die Interessen treten klarer hervor und damit auch die Unterschiede. Es entstehen Sach- und Beziehungskonflikte, Positionskämpfe, die einerseits verunsichern, andererseits aber auch den Drang zur Selbstbehauptung zutage treten lassen. Die Gruppenmitglieder zeigen mehr Aggression – auch gegenüber dem Leiter/der Leiterin, vor allem wenn diese den mitgebrachten Vorstellungen von Leitung nicht entsprechen.	Eine positive Konfliktorientierung hilft dem Moderator/der Moderatorin, diese – für die Qualität der späteren Gruppenarbeit entscheidende – Phase zu gestalten. Moderator/inn/en sollten nicht die Probleme für die Gruppe oder den Einzelnen lösen wollen, sondern ➜ sich ständig an die Gruppe rückbinden, ➜ mit Vorschlägen arbeiten ➜ Regeln für den Umgang miteinander vorschlagen und mit der Gruppe vereinbaren ➜ und bei all diesem partnerschaftlichen Verhalten sich trotzdem die Leitung nicht aus der Hand nehmen lassen.

Phase	Gruppenverhalten	Konsequenzen für Moderator/inn/en
Normierungsphase	Diese Phase hängt mit der vorhergehenden eng zusammen. Nachdem die Gruppe durch Konfusion, Blockaden und Krisen hindurch ist, Widerstände überwunden und Konflikte geregelt sind, kann sich ein Gruppengefühl entwickeln. Die Gruppe findet zu ihren Zielen, Regeln, Rollen, Normen. Es entsteht ein von außen identifizierbares und nach innen arbeitsfähiges Team.	Eine zu schnelle Harmonisierung kann dazu führen, dass die Gruppe zu einem späteren Zeitpunkt in eine zeitaufwendige Konfliktphase zurückfällt. Der Leiter/die Leiterin sollte deshalb auf mögliche Verdrängungen achten und die Differenzierung von Meinungen und Argumenten fördern.
Arbeitsphase	Die Gruppenmitglieder erkennen, dass ihre Unterschiedlichkeit nützlich und anregend ist und kreative Lösungen fördert. Sie sind jetzt in der Lage, eine Aufgabenteilung und Differenzierung der Rollen zuzulassen, ohne den Zusammenhalt der Gruppe zu gefährden. Die Gruppe befindet sich in einer Phase der stabilen Arbeitsfähigkeit, sie nutzt ihre Energien effektiv und konzentriert sich auf ihre Aufgaben.	Der Moderator/die Moderatorin kann sich relativ zurückhalten und auf Ergebnisorientierung und Ergebnissicherung konzentrieren.

Diese Darstellung der Gruppenphasen verfolgt ein doppeltes Anliegen: Sie soll Sie als Moderator/inn/en

➜ animieren, den Zustand einer Gruppe – die Phase, in der sie steckt – als etwas Natürliches, Selbstverständliches zu akzeptieren, ohne jedoch darin stecken zu bleiben
➜ auf die Gefahren aufmerksam machen, die dann entstehen, wenn eine Gruppe eine Phase überspringt – meistens die Konfliktphase – und es dann zu „Lähmungserscheinungen“ kommen kann.

Rollen in Gruppen

Stellen Sie sich eine konkrete Gruppe vor. Fallen Ihnen da einzelne Mitglieder ein, die sich öfter aktiv einbringen, Ideen liefern?

➜ *die sich ständig „mit aller Gewalt“ durchsetzen wollen?*
➜ *die sich kaum einmal äußern?*
➜ *die quertreiben, blödeln, sich wichtig machen – oder schnell beleidigt sind und dadurch die Aufmerksamkeit der Gruppe auf sich ziehen?*
➜ *die auf die Beziehungen in der Gruppe achten oder Kompromisse einbringen?*

Sie alle nehmen eine Rolle in der Gruppe, im Team wahr. Wie diese Rollen bezeichnet werden und wie damit umgegangen werden kann, dafür gibt es in Theorie und Praxis ganz unterschiedliche Konzepte (vgl. „Hintergrund“, S. 109). Ich greife hier ein Rollenkonzept auf, das auf Tobias Brocher (1967) zurückgeht und von Herbert Leger in die folgende übersichtliche und für die Praxis nützliche Fassung gebracht wurde.

Gruppenrollen

Der Arbeitsprozess in kooperierenden Gruppen wird entscheidend bestimmt durch die Funktion von Gruppenrollen, die von einzelnen Gruppenmitgliedern ausgeprägt werden. Sie sind nur bedingt von der Persönlichkeitsstruktur der sie tragenden Gruppenmitglieder abhängig, wechseln häufig – je nach Arbeitsstoff und Zusammensetzung der Gruppe – und können sich auch während einer Gruppenarbeit verändern.

Gruppenrollen und ihre Funktion für den Kooperationsprozess	**Konsequenzen für die Gruppenarbeit**	**Konsequenzen für den Rollenträger**
Aufgabenrollen Initiative Aktivität Informationssuche Informationsgabe Meinungserkundung Ausarbeiten Koordinieren Zusammenfassen	Träger von Aufgabenrollen bringen den Kooperationsprozess in Gang und richten ihn dauernd auf das vorgegebene Leistungsziel aus. Ohne sie leidet die Leistungsfähigkeit einer Gruppe entscheidend. ***Aber:*** Dadurch werden Träger von Aufgabenrollen leicht zu *Dominantfiguren*, die das Gruppengeschehen stark beherrschen und die Kooperation schließlich zu lähmen drohen. ***Deshalb:*** Träger von Aufgabenrollen sollten *niemals* auch Gruppenleiter sein. Sie sind ohnedies „voll im Gruppengeschehen" und das Wesen ihrer Rolle entspricht nicht dem *Moderationsauftrag* des Gesprächsleiters	Sich laufend auf Dominanz überprüfen. Nicht alles selbst machen, nicht immer recht haben wollen, andere zum Zug kommen lassen. Sich bremsen, doch ganz „da sein", wenn die anderen nicht weiterwissen.
Aufbau- und Erhaltungsrollen Auswerten Diagnostizieren Übereinstimmung prüfen Vermitteln Spannung vermindern	Träger von Aufbau- und Erhaltungsrollen ermöglichen erst Kooperation. Sie gleichen Spannungen in der Gruppe aus und ermöglichen Kompromisse. ***Deshalb:*** Träger von Aufbau- und Erhaltungsrollen sind die „idealen" Gesprächsleiter, sofern sie im „Notfall" auch zu führen verstehen. Bei starken Dominanten in einer Gruppe sollten auf alle Fälle starke Träger von Aufbau- und Erhaltungsrollen in die Gruppe gegeben werden, damit immer ein Ausgleich gewährleistet ist.	Bei Konflikten in der Gruppe mit Lösungsvorschlägen eingreifen. Im Streitfall auf das Thema zurückführen. Nicht vor „Frontenbildung" zurückweichen; notfalls *Dominante* bewusst auf ihre Dominanz ansprechen.

Gruppenrollen und ihre Funktion für den Kooperationsprozess	Konsequenzen für die Gruppenarbeit	Konsequenzen für den Rollenträger
Außenseiterrollen Schweigen Zurückhaltung Blinde Zustimmung Zurückweichen	Diesen Rollenträgern fehlt die Funktion für einen Kooperationsprozess; sie müssen aktiviert werden. Das kann geschehen durch direktes Ansprechen oder durch Delegation von für den Außenseiter leistbaren Rollen (z.B. Schriftführung). Wenn eine Gruppe die Außenseiter nicht in den Arbeitsprozess integrieren kann, verschenkt sie deren oft gewichtige Substanz. Ein Außenseiter ist eine Aufgabe – für jede Gruppe.	Als Außenseiter liegt es meist an einem selbst, Hemmungen zu überwinden und trotz aller Widerstände aktiv zu werden. Auch der Außenseiter hat immer genügend Substanz zur Kooperation.
Dysfunktionale Rollen Agressivität Blockieren Selbstgeständnisse Rivalisieren Suche nach Sympathie Spezialplädoyers Clownerie Beachtung suchen Sich zurückziehen	Dysfunktionale belasten jeden Kooperationsprozess. Ihre Haltung ist auf „verweigerte Dominanz“ zurückzuführen. ***Deshalb:*** Dysfunktionalität hebt sich auf in der Verantwortung. Der Dysfunktionale braucht wichtige Aufgaben und Bedeutung in der Gruppe. ***Aber:*** Es ist wichtig, ihm gleichzeitig seine Rolle bewusst zu machen. Nur so besteht – wenn überhaupt – eine Chance, Dysfunktionalität aufzulösen.	Die erkannte Dysfunktionalität bewusst zu steuern versuchen. Ihre Überwindung ist nur durch Rationalisierung der eigenen Problemsituation möglich.

Kommunikative Spiele („Spielchen“) in Gruppengesprächen

Denken Sie an eine Situation in einer Gruppe zurück. Haben Sie jemals erlebt, dass zwei oder mehrere Personen inhaltlich engagiert waren und ...

- → *sich gleichzeitig im Kreis drehten?*
- → *„Nebenkriegsschauplätze“ schafften, um etwas auszuagieren, was verdeckt blieb?*
- → *sich gegenseitig verfolgten, ohne auf den anderen wirklich zu hören?*
- → *Sie als Zuhörer/in intuitiv spürten, dass es hier um etwas ganz anderes ging als um die Sache?*

→ *Sie sich nach einem Gespräch schlecht fühlen und dafür nicht einmal einen konkreten Grund benennen können?*

Wie laufen kommunikative Spiele ab?

Es handelt sich nicht um Spiele, die Leichtigkeit und Spielerisches in Gesprächen ermöglichen. Ganz im Gegenteil: Kommunikative Spiele laufen nach einer bestimmten Regel ab – wie in einem Drama. Jeder, der sich daran beteiligt, hat eine bestimmte Rolle und sein Denken und Fühlen ist in dem Moment ganz auf diese Rolle fixiert. Andere Denk- und Fühlmuster sind geradezu ausgeschlossen. Im weiteren Verlauf dieses Dramas wechseln jedoch die Rollen, und häufig endet das Drama für den Einzelnen/die Einzelne wieder in der Rolle, in der er/sie eingestiegen ist. Die Rollen sind die des Opfers, des Retters und des Verfolgers. Das Spiel kann zwischen zwei oder mehreren Personen stattfinden.

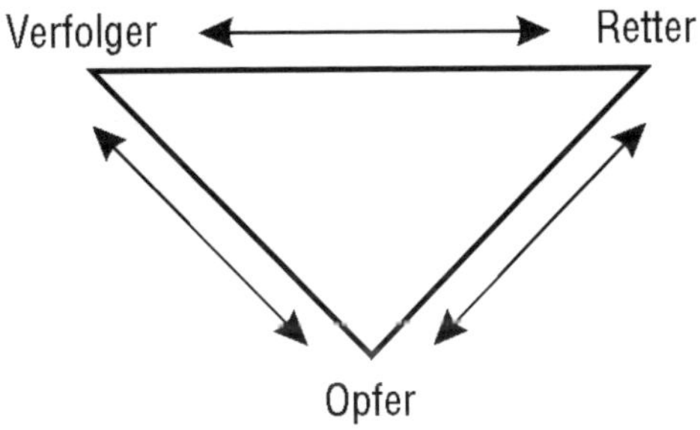

Drama-Dreieck nach Karpman

Das Opfer

fühlt sich im Gespräch klein, dumm und unterlegen. Die jeweilige Person sucht Hilfe für Dinge, die sie selbst erledigen oder denken könnte. Durch das Muster des Opfers erhält sie Zuwendung und Aufmerksamkeit (Kind-Ich-Zustand, negativ angepasst).

Beispiel:
Ein Teammitarbeiter fühlt sich von einem Kollegen angegriffen und verletzt, der ihm bei Sichtung des letzten Protokolls in strengem Ton rückmeldet, dass wichtige Inhalte der letzten Sitzung fehlen. Das Opfer beginnt zuerst mit zurückhaltender Stimme zu jammern, dass diese letzte Sitzung schwierig war und er allein gelassen wurde mit dem Protokoll. Auch habe er so viel Arbeit auf dem Schreibtisch, dass er das Protokoll schnell und unüberlegt abarbeiten musste.

Der Retter

reagiert fürsorglich und überaus verständig. Er tritt ungefragt und ungebeten in Aktion und kommt damit dem Opfer zu Hilfe. In diesem Verhaltensmuster stellt der Retter die eigenen Bedürfnisse zurück. Es geht ihm gut, wenn er anderen helfen kann (Eltern-Ich, negativ fürsorglich im Sinne von überfürsorglich).

Beispiel:
In oben genanntem Fall versucht jemand in der Rolle des Retters, den Kollegen in der Gruppe zu retten. „Jetzt hackt doch nicht so auf ihm herum ...
Das Protokoll ist ja sonst ganz gut.“

Der Verfolger

zeigt in diesem Beispiel dem Gegenüber, dass er nicht in Ordnung ist. Der Verfolger ist überkritisch und will dem anderen zeigen, dass er unterlegen ist (Eltern-Ich, negativ kritisch). Er nimmt seine Verfolgung neu auf.

Beispiel:
Dem Opfer zugewandt: „Solch ein nachlässiges Verhalten ist nicht zu entschuldigen.
Dem Retter zugewandt: „Wenn Sie immer alles zudecken, können wir nie einen Konflikt bearbeiten.“

Das Beispiel zeigt:
- ➜ Die Spieler brauchen sich gegenseitig.
- ➜ Das Spiel beginnt damit, dass eine Person zum Spiel einlädt und eine andere der Einladung Folge leistet. Spielt man eine dieser Rollen, so ist es unvermeidlich, in die andere zu verfallen. Der Verlauf des Spiels zeichnet sich dadurch aus, dass die Rollen wechseln: Der Retter wird zum Verfolger, das vorherige Opfer wird zum Retter.

Wie kann die Moderatorin/der Moderator konstruktiv eingreifen?

In jeder Phase des Spiels ist es möglich auszusteigen. Das Feedback (s. „Interventionen“, S. 96) eignet sich gut für den Moderator/die Moderatorin, um konstruktiv zu intervenieren.

Wenn ein derartiges „Drama“ bereits läuft und der Moderator darin verstrickt ist, ist es meist schwer, in eine konstruktive Haltung (O.K.-O.K.-Haltung) gegenüber den komplementären Mitspielern zu gehen. Er könnte sich aufgefordert fühlen, seine eigene verfolgerische Haltung in das Feedback hineinzutragen. Hier empfiehlt es sich für das Feedback, bei der Beobachtung und der Auswirkung zu bleiben, den Wunsch (der nach Anforderung klingen kann) wegzulassen und eine Frage an die Teilnehmer anzuschließen.

Beispiel:
„Ich beobachte, dass es Unstimmigkeiten gibt. Das könnte unsere weitere Arbeit belasten. Wie können wir die Situation klären?"

Zum Teammitglied, das sich in der Opferrolle befindet: „Was brauchen Sie, um mit der Rückmeldung konstruktiv umgehen zu können?"

Zum Teammitglied, das in der Verfolgerposition ist: „Was veranlasst Sie zu diesem Ton?"

Hintergründe und theoretische Ansätze

Einflüsse auf die Dynamik von Gruppen
decken sich weitgehend mit den Faktoren für Effizienz von Gruppen. Ergebnisse einer empirischen Untersuchung finden sich in: Myhsok (1993).

Gruppenphasen:
Das den oben geschilderten vier Phasen zugrunde liegende Modell, das sich mit Abstrichen auf die meisten Gruppen übertragen lässt, existiert schon seit mehreren Jahrzehnten (Tuckman 1965) und gibt auch für die Moderation nützliche Hinweise (Langmaak & Krikau 1989; Böning 1994).

Langmaak & Krikau (1989) legen der Entwicklung von Gruppen eine andere Phaseneinteilung zugrunde:
1. Phase: Ankommen - auftauen - sich orientieren
2. Phase: Gärung und Klärung
3. Phase: Arbeitslust und Produktivität
4. Phase: Abschluss und Abschied.

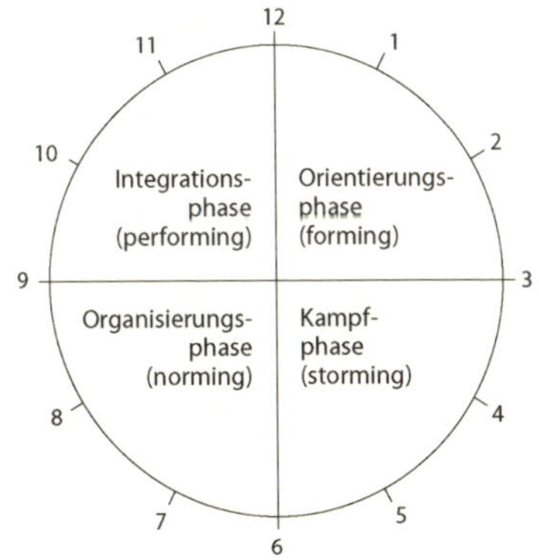

Die zweite Phase entspricht den Phasen zwei und drei in meiner Darstellung. Die bei Langmaak & Krikau für die vierte Phase entwickelten Gedanken sind interessant für Gruppen, in denen Abschluss, Transfer und Abschied anstehen.

Voigt (1993) hat auf der Grundlage der vier Phasen der Teambildung eine „Team-Entwicklungs-Uhr" entworfen, die einer Gruppe helfen könnte, den jeweiligen Entwicklungsstand zu reflektieren.

Gruppenrollen:
Rollen begegnen uns in sehr unterschiedlichen Verhaltensweisen von Menschen. Aus der Vielzahl von Rollenkonzepten scheinen mir die zwei von Böning (1994, S. 71-82) vorgestellten
→ Gruppenpositionen: Alpha-/Beta-/Omega-/Anti-Alpha-Typ
→ elf Typen von Teilnehmern

des Nachlesens wert, wenn Sie sich für unterschiedliche Sichtweisen interessieren. In der Praxis als Moderator/in kann Ihnen jedoch das einfache Konzept von Brocher bzw.

Leger am meisten nützen, weil man sich „im Eifer des Gefechtes“ nicht mit hochdifferenzierten Einteilungen abgeben kann.

Gelegentlich trifft man in der Literatur noch auf eine Einteilung, die menschliches Rollenverhalten mit Tieren (Esel, Frosch, Igel usw.) verbindet. Sie gehen wohl auf Magda Kelber zurück, die sie 1968 in ihrer „Fibel der Gesprächsführung“ vorgestellt hatte. Bei aller Anschaulichkeit wehren wir uns persönlich dagegen, Menschen als Tiere darzustellen.

Gruppenspiele:

Dieser Begriff ist so missverständlich wie die „Spiele der Erwachsenen“ von Eric Berne, dem Begründer der Transaktionsanalyse. Dabei hängen sie ganz eng zusammen: Es geht bei den „Gruppenspielen“ um bewusstes oder unbewusstes Verhalten in Gruppen, das eine konstruktive Arbeit untergraben kann. Böning (1994, S. 69ff.) zählt einige Spiele auf und schreibt dazu: „Die Problematik der Spiele besteht darin, dass der Gruppenprozess energisch auf der Stelle tritt und wertvolle Energien verschwendet werden“ (a.a.O., S. 71).

Macht

ist ein unumgängliches Thema in Gruppen. Sie ist Aufgabe für Moderation und Gruppen in dem Sinne, dass es sinnvoll ist, Macht zu gestalten, anstatt sie zu ignorieren (König 1998).

Schwierige Situationen und Konflikte in Gruppengesprächen klären

In jeder Gruppierung, in jeder Organisation, überall dort, wo Menschen gemeinsam etwas tun wollen,
- → treffen unterschiedliche Meinungen aufeinander,
- → werden gegensätzliche Interessen, Wünsche und Bestrebungen sichtbar,
- → kommt es zu Auseinandersetzungen, Rivalitäten, Spannungen und Konflikten.

Wenn alle Menschen gleich wären, würde im Prinzip einer genügen.

Konflikthafte Situationen in Moderationen begegnen Ihnen als
- → **spontanes Verhalten** von Gruppenmitgliedern in „normalen" Gesprächsabläufen, das von Ihnen als Moderator/in spontane Interventionen erfordert
- → **als komplexe Sach- und Beziehungskonflikte** im eigenen Team, die ein systematisches Vorgehen erfordern.

Auf diese beiden Situationen wollen wir uns in diesem Kapitel konzentrieren. Eine Konfliktmoderation als externe/r Moderator/in ist eine Sondersituation, für die Sie in einem späteren Kapitel einen Vorschlag für ein strukturiertes Vorgehen finden (s. „Konfliktmoderation", S. 140).

Welche der folgenden Konfliktsituationen begegnet Ihnen	**selten**	**öfter**
→ *Die Gruppe wird wegen eines Vielredners ungeduldig.*	❍	❍
→ *Es kommt zu persönlichen Angriffen von Gruppenmitgliedern, zu Spitzen oder zu beleidigenden Äußerungen*	❍	❍
→ *Zwei Streithähne geraten aneinander...*	❍	❍
→ *Die Interessen der Gruppenmitglieder liegen so weit auseinander, dass keine Einigung zu erzielen ist.*	❍	❍
→ *Zwei Lager stehen sich unbeweglich gegenüber.*	❍	❍

Die oben aufgeführten Beispiele sind eigentlich ganz normale Gruppensituationen, die uns ständig begegnen und die uns herausfordern. Wie wir damit umgehen, ist eine Frage der uns zur Verfügung stehenden Gesprächsleitungs-Techniken. Mehr noch hängt jedoch von der eigenen Konflikteinstellung ab.

Konflikteinstellung

Im Chinesischen finden wir dasselbe Schriftzeichen für Krise wie für Chance

危機

Viele Menschen haben in ihrem Leben schlechte Erfahrungen mit Konflikten gemacht und empfinden sie deshalb als Störungen, die es zu vermeiden gilt. Konflikte haben jedoch sehr positive Seiten:

- Sie klären Standpunkte und Beziehungen.
- Sie ermöglichen neue Erkenntnisse über Sachfragen und über Beziehungen.
- Sie setzen kreative Kräfte frei und ermöglichen Veränderungen.

Eine grundsätzliche O.K.-O.K.-Einstellung (vgl. Kapitel „Rolle und Aufgaben eines Moderators“, S. 25) erleichtert es Ihnen und der Gruppe, Konflikte wahrzunehmen, aufzugreifen und zu bearbeiten.

Differenz ist noch kein Konflikt

Stellen Sie sich folgende (oder eine ähnliche) Situation in der Moderation einer Teambesprechung vor: Herr A. hält das geplante Produkt für sehr gelungen. Frau B. ist gegenteiliger Meinung. Hier liegt zweifellos eine Differenz vor, aber noch kein Konflikt.

Differenzen, zu deutsch Unterschiede sind wichtig und wertvoll, weil sie Impulse für Veränderungen sind. Unser gesamter sinnenhafter und denkerischer Wahrnehmungsapparat ist auf Unterschieden aufgebaut.

Eine Differenz wird erst dort zum Konflikt, wo die Interessen, das Handeln oder die Einstellungen von Herrn A. die Interessen, das Handeln oder die Einstellungen von Frau B. berühren und beeinträchtigen. In unserem Fall also dort, wo Herr A. und Frau B. sich auf eine Lösung einigen müssen, weil sie das Produkt gemeinsam vertreten sollen.

Viel unnötiger Streit ist vermieden, wenn Moderatoren darauf hinarbeiten, dass Differenzen anerkannt werden und stehen bleiben – damit Energie für wirkliche Konflikte übrig bleibt.

Prinzipien für Konfliktregelungen

helfen dabei, Gewinner-Verlierer-Situationen zu vermeiden.

1. Die „Vier-A-Empfehlung“

Anhören

Eine Erkenntnis der Konfliktforschung ist, dass es vielen Diskussionsteilnehmern in erster Linie darum geht, mit ihrem Anliegen angehört und ernst genommen zu werden – und erst in zweiter Linie darum, sich durchzusetzen. Es gehört zu den menschlichen Grundvoraussetzungen, dass man einander zuhört und ausreden lässt. Wo das nicht gewährleistet ist, tritt der/die Moderator/in in Aktion und sorgt dafür, dass Regeln vereinbart und eingehalten werden.

Anliegen erfassen

Der Moderator sorgt durch aufmerksames Zuhören und offene Rückfragen dafür, dass die Konfliktpartner ihre Interessen, ihre Sichtweisen und Hintergrundanliegen zum Ausdruck bringen.

Aufnehmen

Die Moderatorin achtet darauf, dass die Anliegen der einen Seite von der anderen Seite aufgenommen werden, indem sie direkt dazu auffordert.

Auf Wünsche hinlenken

Zwischen „Anspruch“ und „Wunsch“ gibt es einen deutlichen Unterschied: Ansprüche haben den Geruch von „einklagbarem Recht“. Und wer den nicht erfüllt, macht sich „schuldig“ (und sollte dann pflichtschuldigst ein „schlechtes Gewissen“ haben). In Konfliktsituationen kommt man damit nicht weiter; hier geht es um die Formulierung von Wünschen. Wer einen Wunsch äußert, zeigt seinem Konfliktpartner/ seiner Konfliktpartnerin, dass er ihm/ihr positiv etwas zutraut. Unerfüllte Wünsche können Enttäuschung, Ärger, Traurigkeit hinterlassen. Diese Gefühle sind jedoch authentische Gefühle, die verarbeitet werden können, und keine Schuldzuweisungen (*Redlich* 1997, S. 39f.).

2. Leitsätze für den Umgang mit Konflikten
(in Anlehnung an: Redlich 1997, S. 187)

Das Gespräch konstruktiv auf die Zukunft, auf Lösungen und Ziele ausrichten, ...	statt	... nach rückwärts zu blicken und Kräfte vergeudende Ursachenforschung zu betreiben und alte Geschichten aufzuwärmen.
Entpolarisieren, ...	statt	... Konflikte zu verschärfen.
Auf Beweglichkeit positiv eingehen, ...	statt	... gegen Sturheit anzukämpfen.
Auf übergeordnetes Interesse abheben ...	statt	... auf Einzelinteressen
Den Gewinn für beide Seiten betonen ...	statt	... die relativen Vorteile für die eine oder die andere Seite.
Gesichter der Einzelpersonen bzw. der Parteien wahren helfen, ...	statt	... Demaskierungen zuzulassen.
Unterschiede verdeutlichen,	statt	... zuzudecken.

Wie unnötige Konflikte vermieden werden können

Manche Konflikte müssen gar nicht erst auftreten, wenn einige in den vorhergehenden Kapiteln behandelte Regeln beachtet werden. Zwei Beispiele:

Konflikte aufgreifen, das ist die eine Seite der Medaille – unnötige Konflikte zu vermeiden ist die andere.

- Die Gruppe ist mit dem Thema, dem Ziel oder dem Ablauf nicht einverstanden: Hier sind zu beachten:
  - die am Beginn stehende gemeinsame Klärungsphase (s. „Besprechungspunkte planen“, S. 54)
  - die ständige Rückbindung des Moderators an die Gruppe (s. „Besprechungspunkte planen“, S. 54)
  - die Zwischenreflexion oder Meta-Ebene, wenn es „klemmt“ (s. „Gruppen aktivieren“, S. 98).
- Das Team fühlt sich durch den Moderator blockiert, weil er ihr Chef ist und der Gruppe zu wenig Raum lässt:
  - Die Rolle des Vorgesetzten, desjenigen, der moderiert, ist und bleibt schwierig. Es erleichtert die Arbeit, wenn bei jedem TOP das Ziel und der Entscheidungsspielraum des Teams klar benannt werden (s. Kapitel „Rolle und Aufgabe eines Moderators“, S. 25).

Die Neutralität der Moderatorin und ihre Aktivierungsmöglichkeiten sind weitere Ansätze zur Vermeidung unnötiger Spannungen und Konflikte.

Missverständnisse aufklären ...,

Die Kommunikationsforschung behauptet, der größere Teil der zwischenmenschlichen Konflikte sei einfach auf unterschiedliche Begriffsvorstellungen zurückzuführen. Wie dem auch sei: Es gehört zum festen Instrumentarium von Moderator/inn/en, ständig darauf zu achten: „Meinen alle dasselbe, wenn sie denselben Begriff verwenden?“ und aufzufordern: „Lassen Sie uns klären, was wir gemeinsam unter xy verstehen!“

... persönliche Angriffe und Arena-Kämpfe unterbrechen

Beiträge, die eine Person angreifen – statt ihren Gesprächsbeitrag, ihre Argumente und Meinungen – hat eine Moderatorin aufgrund ihrer Schutzfunktion zu unterbinden. Dazu gehören Äußerungen wie:

- „Sie haben es gerade noch nötig. Schauen Sie sich mal Ihren Schreibtisch an!“
- „Sie sind doch verantwortungslos!“

Sie sollten hier als Moderator ein klares „Stopp!“ setzen, z.B.:

- „Halt! Ich bitte Sie, keine Beiträge zu bringen, die persönlich verletzen können.“
- „Was Sie gesagt haben, kann kränkend wirken. Deshalb möchte ich hier ein Stoppsignal setzen!“

Es geht hier nicht um „emotional“ oder „sachlich“. Auch sachliche Beiträge können mit emotionalem Dampf eingebracht werden, hinter dem man das Engagement des Sprechers spürt. Es geht vielmehr um Verletzungen, die ein/e Moderator/in zu unterbinden hat, indem er oder sie Grenzen setzt – und zwar aus der Haltung heraus, offen und fair zu konfrontieren.

Von einem Arena-Kampf sprechen wir, wenn zwei Teilnehmer/innen (das können auch Teilnehmergruppen sein) über einen längeren Zeitraum miteinander kämpfen. Oft beobachtet man dabei, dass die übrige Gruppe amüsiert-interessiert, gelangweilt oder verärgert auf den Rängen sitzt und zuschaut, wer von den beiden Kämpfern in der Arena nun wohl gewinnt. Für einen gemeinsamen Prozess ist das wenig ergiebig. Wie können Sie das Spiel unterbrechen?

- *Klären Sie:* „Inwieweit sind Sie sich einig? Worin besteht der Gegensatz?“
- *Schalten Sie die anderen Gesprächsteilnehmer/innen ein:* „Wir haben den Standpunkt von Ihnen beiden gehört. Jetzt sollten wir die anderen Teilnehmer/innen hören: Was sind Ihre Standpunkte und Argumente?“

IMKER – ein kreativer Problemlösungsprozess

Das folgende Verfahren, Sachkonflikte und Probleme zu lösen, wird seit vielen Jahren in unterschiedlichen Lebensfeldern und mit unterschiedlichen Namen angewandt (ursprünglich geht es wohl auf Thomas Gordon zurück). Bei Böning (1994) läuft es unter DALLAS (Anfangsbuchstaben der einzelnen Schritte). Soweit ich informiert bin, war die gleichnamige TV-Serie jedoch kein leuchtendes Vorbild für Methoden der Konfliktregelung. Mein Kollege Hubert Marthaler und ich haben dem Verfahren den Namen IMKER gegeben. Das Ergebnis des Prozesses ist angenehm: Honig. Auf dem Weg dorthin kann es jedoch durchaus stechende Bienen geben. ... Im Folgenden finden Sie die Schritte einer produktiven Konfliktregelung.

I – identifizieren Sie den Konflikt:
- Sprechen Sie offen an, dass es im Team einen Konflikt gibt,
- stellen Sie gemeinsam mit der Gruppe fest: „Bis wohin sind Sie sich einig?" (Gemeinsamkeiten schaffen ein positives Klima) ....
- und worin der Gegensatz, der Konflikt besteht (d.h., den Konflikt nicht verschleiern).

M– mögliche Lösungen kreativ suchen
- Lösungswege sammeln: Achten Sie darauf, dass die vorgeschlagenen Lösungen nicht bewertet oder gar herabgesetzt werden. Alle Ideen sind akzeptabel!
- Versuchen Sie, dass alle Konfliktparteien bzw. Gesprächspartner Vorschläge einbringen.
- Lösungsmöglichkeiten nach Bedarf konkretisieren.

K – kritisches Befragen und Bewerten der Lösungen
- Lassen Sie die Gruppe herausarbeiten: „Was spricht für und was spricht gegen die einzelnen Lösungen?"
- Oft ist notwendig, dass die Gruppe vorweg klärt, welche Kriterien für eine endgültige Lösung entscheidend sind.

E – Entscheidung für eine Lösung, die beiden Seiten gerecht wird
- Aufgrund der vorangegangenen Pro-und-Contra-Diskussion ergibt sich oft schon, welche Lösung die relativ beste ist und von allen Seiten akzeptiert wird.
- Für kompliziertere Fälle finden Sie im nächsten Abschnitt einige Anregungen.
- In jedem Fall klären, dass alle Seiten unter der Lösung das Gleiche verstehen, um Scheinlösungen zu vermeiden.

R – Realisierung festlegen
- Fixieren Sie gemeinsam mit der Gruppe das Ergebnis und treffen Sie die entsprechenden Vereinbarungen: Wer macht was – bis wann? Welche Hilfe ist dazu nötig?
- Nicht alle ausgehandelten Lösungen stellen sich in der Praxis als gut heraus. Deshalb legen Sie fest, wann Sie gemeinsam überprüfen, wie die getroffenen Vereinbarungen funktionieren.

„Klärung ist ein guter Dialog über Schlechtes.“ – *Christoph Thomann*

Zu gemeinsamen Ergebnissen kommen – ohne Abstimmung!

Lösungen zu finden, denen alle zustimmen können, ist eine manchmal mühselige Geschichte. Beenden Sie einen Konflikt auf keinen Fall mit einer Abstimmung. Unterlegene sind zu einer künftigen Mitarbeit nicht motiviert! Vielleicht hilft Ihnen und der Gruppe eines der folgenden Verfahren:

- ➜ Gehen Sie mit der Gruppe **zurück zum Ziel**: „Was ist unser Anliegen? Was wollen wir?“ Oder zurück zum gemeinsamen Nenner: „Inwieweit sind wir uns bereits einig? Wo ist unser gemeinsamer Nenner?“
- ➜ Suchen Sie nach einer **„additiven Lösung“**: *sowohl* das eine *wie auch* das andere ist möglich – eventuell eben nacheinander.
- ➜ Schlagen Sie eine **„Lösung auf Probe“** vor. In diesem Fall müssen die zeitliche Begrenzung eindeutig und der Kontrolltermin fixiert sein.
- ➜ Bringen Sie als Gesprächsleiter/in immer wieder **Kompromissvorschläge** ein.

Haben Beziehungskonflikte Vorrang vor Sachkonflikten?

„Zuerst muss man die Beziehungskonflikte lösen“, ist ein häufig gehörter Satz. Muss man das? Bei Sachkonflikten streiten die Beteiligten um ein knappes Gut, bei Beziehungskonflikten um die Einhaltung von sozialen Normen und die Art des Umgangs miteinander. Die in der Überschrift gestellte Frage kann nicht in wenigen Zeilen adäquat angegangen werden. Interessant ist jedoch, dass ein kompetenter Autor (Redlich 1997) es für ein Missverständnis hält, dass „produktive Sacharbeit in einem Team oder Gremium nur möglich ist, wenn die Beziehungen gut sind. Jeder weiß, dass produktive Arbeit auch zwischen Personen möglich und alltäglich ist, deren Beziehung man nicht gerade als gut bezeichnen kann“ (a.a.O., S. 92). Es gibt anstelle einer „guten Beziehung“ in Gruppen und Teams eben auch die **„friedliche Koexistenz“**. Für Moderator/inn/en kann diese Sichtweise entlastend sein, weil sie sich nicht in jeder erdenklichen Situation auf ein völlig unübersichtliches Terrain begeben müssen, das unter Umständen externe Fachleute (Supervisoren; Coaches) leichter und besser angehen können.

Hintergründe und theoretische Ansätze

Die beste Basis für Konfliktregelungen – weit über den Moderationsbereich hinaus – bietet unseres Erachtens die Transaktionsanalyse, insbesondere mit ihren Modellen der Ich-Zustände, dem Drama-Dreieck und der O.K.-O.K.-Grundposition.

Thomas Gordon (vgl. Literaturverzeichnis) hat in vielfältiger Weise das „Gewinner-Gewinner-Prinzip“ für Konfliktsituationen vorgestellt.

Wer Konfliktmoderationen professionell – vor allem als externer Moderator – betreiben will oder soll, findet kompetente Anregungen bei Redlich: „Konfliktmoderation“ (1997).

Über Konfliktarten und -ursachen wird viel geschrieben. Dabei ist der zugrunde liegende Konfliktbegriff oft ungeklärt. Handelt es sich bei der Beobachtung: „Der Einzelne engagiert sich nicht in der gemeinsamen Arbeit“ (Seifert 1999, S. 67) schon um ein Anzeichen von Konflikt? Wohl kaum.

Eine grundlegende Definition von Konflikt findet sich bei Glasl (1997, S.14f.). Eine daraus abgeleitete Konflikt-Definition lautet:

Von einem sozialen Konflikt sprechen wir, wenn ...

→ Gegensätzlichkeiten, Unvereinbarkeiten vorliegen,
  - die sich auf Ziele, Werte, Interessen, soziale Normen beziehen
  - und zu einer Spannungssituation führen ...

→ mit zwei oder mehreren Handelnden,
  - Individuen
  - Gruppen
  - Organisationen

→ wobei mindestens eine Seite die andere als Beeinträchtigung ihrer Handlungspläne erlebt.

Regeln für Gesprächsteilnehmer und -teilnehmerinnen

- *Haben Sie als Moderatoren und Moderatorinnen schon einmal das Gefühl gehabt: „Die Teilnehmer sollten sich endlich an die Regel halten, dass ... (sie pünktlich da sind; die Nebengespräche aufhören; man einander nicht ins Wort fällt ...).“*
- *Wie haben Sie in einer solchen Situation reagiert?*
  Haben Sie den Dingen ihren Lauf gelassen?
  Oder haben Sie interveniert? Und wenn ja: wie? Verärgert? Sachlich?
- *Hat sich im Verhalten der Gruppenmitglieder dann etwas geändert?*

In diesen Situationen schwanken Moderator/inn/en oft zwischen: „Laufen lassen“ – mit der Gefahr, dass die Störungen zunehmen. Oder: „Mahnend den Zeigefinger erheben“ – und damit in eine Lehrer- oder Elternrolle reinzurutschen. Beides ist für Moderator/inn/en nicht sonderlich befriedigend und für Gesprächsabläufe wenig effektiv. Welche Alternativen bieten sich an?

Wenn es ansteht: Regeln vereinbaren

Vereinbarungen in und mit Gruppen zu schließen, zieht sich wie ein roter Faden durch dieses Leitfaden-Buch, denn Vereinbarungen entsprechen einem partnerschaftlichen Moderationsstil und einem Menschenbild, das darauf vertraut, dass Menschen die Fähigkeit zu einem autonomen Handeln in sich tragen.

In der Gruppe geschlossene Vereinbarungen entsprechen einem partnerschaftlichen Moderationsstil und einem Menschenbild, das auf Autonomie setzt.

Sie können als Moderator/in gleich zu Beginn Regeln vorschlagen. Wir praktizieren dies bei Gruppen, mit denen wir zum ersten Mal zusammenarbeiten – und zwar meistens zu den folgenden Punkten:

Pünktlichkeit

„Ich möchte pünktlich beginnen und zwar jeweils mit denen, die da sind. Wenn jemand später kommt, hat er seine Gründe und muss sich nicht entschuldigen. Sind Sie einverstanden, dass wir so verfahren?“

Vereinbarungen fördern die Selbstorganisation und Autonomie der Einzelnen.

Hinter dieser Vereinbarung steckt die O.K.-Grundhaltung der Transaktionsanalyse. Es ist O.K., wenn die Gruppe pünktlich beginnt – und es ist O.K., wenn jemand später kommt, weil er Gründe dafür hat, die er selbst verantwortet. Wird Zuspätkommen für die Gruppe oder die Moderation allerdings störend, dann sollte dies thematisiert werden.

Vertraulichkeit

„Wir behandeln heute Dinge, bei denen es zu ganz persönlichen Äußerungen kommen kann. Mein Vorschlag und meine Bitte: Alle persönlichen Äußerungen behandeln wir vertraulich, d.h., sie bleiben in diesem Raum. Das gilt selbstverständlich auch für mich als Moderator/in. Können Sie das mittragen?“

Verantwortung

„Jeder von uns trägt seinen Teil der Verantwortung für die heutige Teambesprechung: Ich in der Rolle als Moderator/in, Sie als Gesprächsteilnehmer/innen. Ich möchte eine Grundregel einführen: Jeder ist für sich selbst verantwortlich, bestimmt wann er redet und wann er schweigt, welchen Gesprächsbeitrag er leisten will. Das schließt mit ein, dass Störungen rechtzeitig benannt werden. Können Sie sich darauf einlassen?“

Weitere Regeln lassen sich einführen, wenn es die Situation verlangt. Beispiele:

Es gibt bei den Wortbeiträgen ein Durcheinander

Sie machen das zum Thema: „Wir sind eine sehr aktive Gruppe. Das zeigt sich daran, dass manchmal mehrere gleichzeitig etwas sagen möchten. An dieser Stelle schlage ich vor, dass wir Wortmeldungen einführen. Es hilft uns, eine klare Reihenfolge einzuhalten. Einverstanden? Ich bitte Sie also, ein Handzeichen zu geben.“

Es kommt immer wieder zu Nebengesprächen

Sie greifen das auf: „Es gibt bei uns immer wieder Nebengespräche. Aller Erfahrung nach haben sie meistens mit dem behandelten Thema zu tun. Ich werde Sie deshalb in Zukunft bitten, Ihre Nebengespräche in die Runde einzubringen“.

Auch hier steckt eine O.K.-Haltung dahinter: Nebengespräche sind etwas Natürliches. Teilnehmer/innen haben vielleicht keine Gelegenheit oder keinen Mut, sich vor allen zu äußern. Wenn ich als Moderator/in diesen Blickwinkel habe, dann sind „Nebengespächler“ aus meiner Sicht keine böswilligen Störenfriede. Trotzdem muss ich im Interesse der Gruppe und in meinem eigenen Interesse intervenieren, um Ablenkungen und Unruhe auszuschalten.

Impulse aus der TZI gemeinsam durchsprechen

Eine seit Jahrzehnten bewährte und weiterhin aktuelle Grundlage für Kommunikationsregeln ist die Themenzentrierte Interaktion – TZI (vgl. „Hintergrund", S. 123). Die Grundregel „Sei für dich selbst verantwortlich..." haben wir bereits eingeführt. Daraus werden einzelne Spielregeln für Gruppen abgeleitet, wie sie schon angeklungen sind. Eine Muster-Fassung finden Sie auf den folgenden Seiten.

Vor allem in Gruppen, die längere Zeit miteinander arbeiten, ist es sinnvoll, diese Regeln einzuführen, etwa in folgender Weise: Sie kopieren den Text für jeden Teilnehmer und jede Teilnehmerin und bitten sie, für sich in einer Einzelarbeit zu entscheiden, welche zwei bis drei Regeln ihnen in dieser Gruppe besonders wichtig wären. Anschließend werden die Regeln gemeinsam durchgesprochen, mit dem Ziel, ein gemeinsames Verständnis zu entwickeln und Konsens herzustellen, welche Regeln die Gruppe künftig beachten will. In gewissen Zeitabständen sollte die Gruppe gemeinsam überprüfen: Welche Regeln halten wir ein, welche nicht – und woran liegt das? Welche Regeln sollen weiterhin gelten? Welche sollten verändert werden? Die Veränderung von Regeln kann nämlich für den Fortschritt der gemeinsamen Arbeit einer Gruppe sehr nützlich sein.

Gesprächshilfen:

Was ist wichtig, damit Gespräche in der Gruppe gelingen können?

„Unsere Möglichkeiten, von anderen Menschen das zu bekommen, was wir uns wünschen, sind begrenzt, aber: Wir sind jederzeit frei, vieles von dem, was wir uns wünschen, selbst zu tun." – *R. Dietrich*

1. Jeder ist für sich verantwortlich!

Jeder bestimmt selbst, wann er redet und wann er schweigt. Die Gruppe darf von niemandem einen Gesprächsbeitrag erzwingen. Jeder soll in eigener Regie und selbstverantwortlich entscheiden, welchen Gesprächsbeitrag er leisten will.

2. Nicht alle gleichzeitig!

Jeder darf sagen, was er will, doch wenn mehrere gleichzeitig sprechen, werden sie nicht mehr von allen anderen gehört, und den meisten geht dann der rote Faden des Gesprächs verloren. Jeder muss dafür sorgen, dass nur einer spricht.

3. Was einen ärgert, möglichst bald in die Gruppe bringen!

Wer sich über etwas ärgert, kann nicht mehr ungestört am Gespräch teilnehmen, sondern schaltet ab. Auf eine Störung, die nicht deutlich benannt wird, können andere auch nicht angemessen reagieren. Wenn die anderen auf die eigene Befindlichkeit keine Rücksicht nehmen, staut sich der Ärger. Es kann dann zu einer Störung in der Beziehung zu anderen Teilnehmern kommen, weil man sich von den anderen vernachlässigt glaubt.

Jeder Einzelne trägt zum Gelingen des Gesprächs bei. Denn wenn ein Gespräch unbefriedigend verläuft, liegt das nicht allein an denjenigen, die das Gespräch geführt haben, sondern ebenfalls an denjenigen, die ihre Unzufriedenheit nicht rechtzeitig geäußert haben!

4. Seitengespräche vermeiden!
Kurze Seitenbemerkungen sind manchmal sehr entlastend. Es ärgert und stört aber, wenn mit dem Nachbarn geredet wird.

5. Sich selbst zur Sprache bringen!
Wer etwas sagt, sollte seinen Beitrag oder seine Kritik als seine Meinung ausdrücken. Statt ständig davon zu reden, was „man" tut, ist es besser, zu sagen, was „ich" selbst für richtig halte, gut oder schlecht finde. Das „Ich" ist hier kein Zeichen von Egozentrik, sondern von Ich-Stärke. „Außerdem sind Allgemeinplätze sowieso schon übervölkert."

6. Dem anderen sagen, was mir an ihm gefällt!
Das tut jedem gut und stärkt das Selbstbewusstsein. Anerkennung ist besser als Belehrung, denn jeder von uns möchte akzeptiert werden und braucht das Gefühl, von anderen angenommen zu sein, um sich selbst besser annehmen zu können.

7. Nichts aus der Gruppe heraustragen!
Diskrete Verschwiegenheit nach außen ist nötig, damit Vertrauen wachsen kann.

8. Klar sagen, was ich will!
Jeder muss seine Bedürfnisse, Wünsche und Erwartungen an andere klar und deutlich artikulieren, damit die anderen wissen, woran sie sind. Nur auf einen ausgesprochenen Wunsch kann man auch ausgesprochen gut eingehen. Heimliche Wünsche werden unheimlich selten erfüllt. Wem daher an der Erfüllung seiner Bedürfnisse etwas liegt, muss sie auch mitteilen. Vom Aussprechen seiner Bedürfnisse und Wünsche darf man allerdings nicht erwarten, dass die anderen sie erfüllen müssten. Die anderen müssen mit Anstand „Nein" sagen dürfen.

9. Gefühle aussprechen!
Bei jedem Miteinanderreden stellen sich unvermeidlich Gefühle ein, und wir sollten nicht vermeiden, sie zu äußern. Denn mit ausgesprochenen Gefühlen können wir besser umgehen. Das schafft Klarheit (für einen selber und für die anderen).

10. Auf Körpersignale achten!
Unser Körper hilft uns, Gefühle wahrzunehmen. Außerdem ist er oftmals ehrlicher als unser Verstand. Wir können uns in aller Regel gut auf ihn verlassen. Ebenso sprechen die Körper der anderen eine deutliche Sprache. Diese ist

in unserer Kultur jedoch leider zu einer Fremdsprache geworden. Wir müssen sie daher wieder neu erlernen.

11. Rücksicht nehmen!
Wenn jeder seine Gefühle, seine Wünsche und Bedürfnisse, seinen Ärger und seine Störungen ausdrücken soll, bedeutet das noch lange nicht, dass er auf die Belange der anderen und der Gruppe keine Rücksicht mehr zu nehmen braucht. Es geht darum, dass jedes Gruppenmitglied sich eigenverantwortlich äußert, damit die Gruppe gemeinsam einen Weg finden kann, der möglichst alle zufrieden stellt. Dazu ist es notwendig, dass Kompromisse gefunden werden, eigene Wünsche zeitweise freiwillig zurückgestellt und im Augenblick wichtigere Bedürfnisse berücksichtigt werden.
(Schneider 1989, S. 111f.)

Hintergründe und theoretische Ansätze

Die Themenzentrierte Interaktion – TZI wurde von Ruth Cohn begründet und hat ihre Heimat in der Humanistischen Psychologie. Ein zentrales Werk von Ruth Cohn ist: „Von der Psychoanalyse zur Themenzentrierten Interaktion" (1975).

Dantscher (1975, S. 64f.) schreibt dazu: „Die TZI geht davon aus, dass jede Lernsituation von vier Faktoren bestimmt wird: durch das ‚Ich' jedes einzelnen Lernenden, durch das ‚Wir' der Gruppe, durch das ‚Es' (Thema bzw. Aufgabe) und die ‚Umweltbezüge', d.h. die Summe der beeinflussenden sozialen und gesellschaftlichen Strukturen der einzelnen Gruppenmitglieder und der Gesamtgruppe.

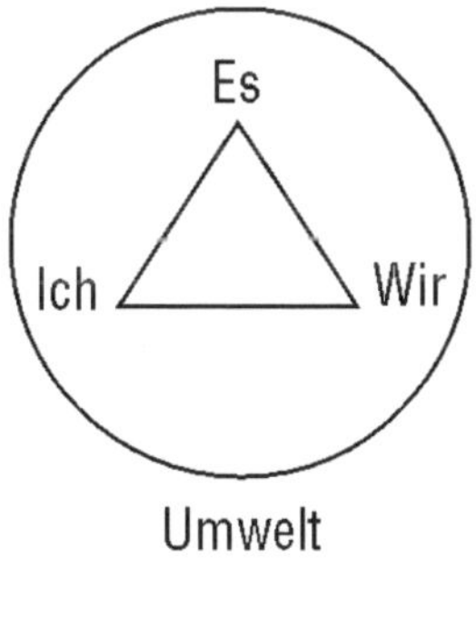

Jeder Einzelne wird zunächst angeregt, ganz bei sich zu sein, bei den eigenen Gedanken, Gefühlen und Wünschen, diese nicht zu übergehen, sondern sie zu akzeptieren und einzubringen in die Gruppe und das Thema oder die Aufgabe. In einem zweiten Schritt aber veranlasst sie jeden Teilnehmer dazu, die anderen Gruppenmitglieder, die verschiedenen Beziehungen wahrzunehmen und so zugleich offen, realitätsbezogen zu sein und in Kontakt zu treten. Auf diesem Hintergrund und mit der Voraussetzung, dass jeder sein Ich und seine Beziehungen einbringt, wendet sich die Gruppe der Aufgabe oder dem Thema zu. Das Thema, das Ich und das Wir werden dabei aber immer im Zusammenhang und in Abhängigkeit vom gesellschaftlichen und sozialen Umfeld und seinen Strukturen gesehen."

Wichtige Anwendungsgebiete für Moderation

Die folgenden Kapitel gehen auf einige typische Anwendungsgebiete von Moderation ein. Sie vermitteln dafür jeweils praktische Anregungen, die sich auf unterschiedliche Situationen übertragen lassen:

- ➜ die Moderation mit offener Tagesordnung (am Beispiel Projektteam, Mitarbeiterbesprechung),
- ➜ die informative Einladung und die effektive Protokollierung (Sitzungsleitung),
- ➜ die typischen Phasen eines Moderationsablaufs (Workshop),
- ➜ klare Ablaufstrukturen (Konfliktmoderation).

Mitarbeiterbesprechungen und Projektteams – Moderation mit offener Tagesordnung

Typische Kennzeichen derartiger Besprechungen sind:

1. Der Teilnehmerkreis kommt **regelmäßig**, oft sogar wöchentlich zusammen. Es kann sich folglich ein Besprechungsstil etablieren, dass das Team z.B. immer mehr Zeit für die Informationsrunde braucht. Die Rollenverteilung in der Gruppe verfestigt sich: Man weiß, wer sich aus der Diskussion heraushält, wer die Ideen einbringt, wer weiter drängt und wer meistens zu lange redet (zu Rollen in Gruppen vgl. Kapitel „Gruppendynamisches", S. 102).

2. **Oft leitet der Chef/die Chefin** – mit allen dazu gehörenden Rollenkonflikten – die Besprechung. Manchmal hat das Team auch vereinbart, dass die Gesprächsleitung reihum geht. Manchmal erhält die jeweilige – wechselnde – Leitung am Ende sogar Rückmeldung.

3. Oft wird kein gemeinsames **Ergebnisprotokoll** erstellt (Wer übernimmt das schon gerne?!). Dafür notiert sich jede/r Teilnehmer/in, was ihm/ihr wichtig erscheint bzw. was er/sie für das Ergebnis hält.

4. Diese Art von Besprechungen lebt von der Aktualität, die Tagesordnung wird spontan zusammengestellt. Eine solche **„offene Tagesordnung"** kann jedoch oft nicht abgearbeitet werden, weil z.B. schon der Punkt „Informationen" zuviel Zeit verschlingt. (Mit der offenen Tagesordnung beschäftigt sich dieses Kapitel. Hinweise zu einer effektiven und gleichzeitig leichten Protokollführung finden Sie im nächsten Kapitel, S. 130.)

„Für mich ist es entlastend zu wissen, über was und mit welchem Ziel wir im Team sprechen. Ansonsten habe ich das Gefühl, dass ich ein Spiel der anderen mitspielen muss, das ich nicht durchschaue."
– Team-Mitglied einer Sozialeinrichtung

Tagesordnungen entstehen in Teams und Mitarbeiterbesprechungen oft spontan: Jede/r bringt ein, was er und sie glaubt, einbringen zu müssen. Manchmal hat es sich eingebürgert, dass ein bestimmter Mitarbeiter mit seinen Punkten beginnt. Ist er fertig, kommt der Nächste dran ... Den Letzten beißen dann gelegentlich die Hunde. Teams rufen deshalb des Öfteren nach einer festen, vorher vom Leiter oder von der Chefin aufgestellten Tagesordnung. Weil dieser dann die Aktualität und Offenheit fehlen, wird die feste Tagesordnung wieder fallen gelassen – und der Kreis schließt sich ...

„Wenn die Leitung im Team wechselt, nehme ich nach und nach alle Team-Mitglieder anders wahr." – *Team-Mitglied einer Abteilung in einem Unternehmen*

Vorschlag für ein Verfahren

Wie können Aktualität und Offenheit im Ablauf einerseits erhalten und andererseits mit einer klaren Tagesordnungs-Struktur gekoppelt werden? Hier ein Vorschlag, wie sich bei einer **Besprechungsmoderation mit offener**, d.h. vorher nicht festgelegter **Tagesordnung** verfahren lässt:

1. Einsteigen	➜ begrüßen ➜ festlegen, wer heute leitet ➜ mit einer kurzen Einstiegsrunde eine positive und entlastete Arbeitsatmosphäre schaffen, z.B. je ein Satz zu dem Impuls: – Was gelingt mir zur Zeit ganz gut? – Was gelingt mir weniger gut oder was gelingt mir nicht?
2. Protokoll der letzten Besprechung überprüfen	➜ Was ist erledigt? ➜ Was ist noch offen?
3. Besprechungspunkte sammeln	➜ Jede/r bringt ein, was heute für ihn/sie ansteht ➜ In diesem Zusammenhang nennt auch die Leitung ihre Themen
4. Ordnen und gewichten	➜ „Reine" Informationen evtl. zu einem Info-Block zusammenfassen, der zeitlich klar begrenzt ist ➜ Zusammengehörende Themen bündeln ➜ klären, wo es um – Beratung – Entscheidung – ein Schwerpunktthema geht. Damit findet bereits die notwendige Vorklärung über die jeweiligen (formalen) Beratungsziele statt. ➜ Beratungspunkte, die nur zwei Teammitglieder angehen, aussortieren. (Bilaterale Verhandlungen insbesondere mit den Chefs gehören in der Regel nicht ins Team.) ➜ Gemeinsam die Reihenfolge der Besprechungspunkte festlegen. Die Gesprächsleitung kann und sollte hierzu Vorschläge einbringen. ➜ Schwerpunktthemen kommen bei Routine-Besprechungen oft zu kurz. Sie sollten deshalb eher am Anfang der Tagesordnung stehen – oder in einer eigens anberaumten Klausur behandelt werden.
5. Mit dem ersten Besprechungspunkt beginnen	➜ Oft steht die Informationsrunde an erster Stelle. Auf Zeitbegrenzung achten – oder die Informationsrunde an das Ende der Besprechung stellen ➜ Grundsätzlich gilt auch hier die im Kapitel „Besprechungspunkte planen" (S. 54) erläuterte Struktur: – Thema: nochmals nennen – Ziel vereinbaren: Was wollen wir heute mit diesem Punkt erreichen? – Ablauf: In welchen Schritten gehen wir vor?

Da Gesprächsleiter/innen bei einer offenen Tagesordnung vorher keinen Ablauf planen können, muss die Struktur der einzelnen Beratungspunkte von der Gruppe gemeinsam erarbeitet werden. Das klingt beschwerlicher, als es in der Praxis ist: Viele Besprechungspunkte in einer offenen TO haben eine einfache Struktur. Gerade dann ist es jedoch notwendig, konsequent nach dem angestrebten Beratungsziel zu fragen. Sonst wird der Kalauer Wirklichkeit: „Schön, dass wir mal darüber gesprochen haben."

Innere Struktur der einzelnen Beratungspunkte

Für die innere Struktur der einzelnen Beratungspunkte gibt es mehrere Standardwege. Vielleicht passt einer der folgenden auf Ihre Situation:

Weg 1:
- Informationen zum anstehenden Punkt
- Diskussion der verschiedenen Aspekte
- Entscheidung für eine Lösung
- Maßnahmenplanung
- Arbeitsverteilung

Weg 2:
- Sammeln von Ideen, Lösungen
- Ordnen
- Gewichten
- Entscheiden

Weg 3:
- Sichten: Wissen, was bei der Bearbeitung des Themas bedacht werden muss.
- Klären: Thema entsprechend der Zielsetzung bearbeiten.
- Planen: Festlegen, wer was bis wann mit wessen Hilfe tun wird.

Hintergrund

Ganz auf Besprechungen zugeschnitten ist das Buch von Seifert (1994): „Besprechungsmoderation". Neben Anregungen für Besprechungsmoderatoren enthält es auch Teilnehmertipps.

Sitzungen vorbereiten, leiten, protokollieren

Drei Elemente sind es vor allem, die Sitzungen effektiv und menschlich angenehm machen können:

1. Einladen – informativ und motivierend

Wer zu Sitzungen einlädt, stellt die vorläufige Tagesordnung auf. Tagesordnungspunkte ergeben sich aus:

- dem eigenen Erfahrungsfeld (z.B. als Vorsitzender eines Vereins, als Geschäftsführer einer Organisation, als Abteilungsleiter einer Einrichtung),
- den Vorschlägen und Anträgen, die von den Mitgliedern des Gremiums vorweg eingebracht werden,
- Protokollnotizen der letzten Sitzung,
- anstehenden Pflicht- oder Routineaufgaben (z.B. Verabschiedung eines Budgets, Beschluss über Anschaffungen).

Eine nackte Tagesordnung motiviert nicht.

Eine „nackte Tagesordnung“, wie sie oft in Einladungen steht, motiviert Sitzungsteilnehmer nicht, sich vorweg Gedanken zu machen, interessiert und motiviert zur Sitzung zu kommen. Gründe dafür sind, dass

- Tagesordnungspunkte oft nicht erkennen lassen, was hinter ihnen steckt.
- das Ziel der Beratung unklar ist.
- die erforderlichen Informationen zum Beratungspunkt fehlen.

Ein leicht zu praktizierender Minimalvorschlag: Am rechten Rand der Einladung wird zu jedem Beratungspunkt eine Kürzel-Angabe gemacht. Dabei bedeutet:

I = Information
A = Austausch
B = Beratung
E = Entscheidung

TOP		I	A	B	E
1.	...				
2,	...				
3.	Auswertung der Jahresstatistik			x	
4.	Veröffentlichung des Jahresberichts			x	x
5.	Ergebnisse der Mitgliederbefragung	x	x		

Einen Schritt weiter geht eine **andere Form der Einladung**, eine Form, die in manchen Unternehmen und Organisationen inzwischen üblich geworden ist. Sie kostet diejenigen, die die Einladung erstellen, etwas mehr Arbeit. Doch dieser Aufwand lohnt in vielfacher Hinsicht, denn die Zeit während der Sitzung wird besser genutzt, die Ergebnisse werden qualitätvoller und die Teilnehmer/innen sind engagierter dabei. Diese Form der Einladung hat folgende Anliegen:

➜ Die Sitzungsteilnehmer/innen haben die notwendige Vorinformation. Dabei genügen oft Stichworte bzw. unvollständige Sätze.
➜ Sie kennen das formale Ziel der Beratungspunkte.
➜ Sie können sich vorweg Gedanken machen und vorbereiten.

TOP	Information und Beratungsziel	Platz für Ihre Überlegungen
1. Begrüßung und Protokoll der letzten Sitzung	---	
2. Genehmigung der Tagesordnung	---	
3. Auswertung der Jahresstatistik	➜ Die Ergebnisse sind in der beiliegenden Übersicht zusammengestellt. ➜ Welche Schlüsse ziehen wir daraus für die Zukunft?	
4. Veröffentlichung des Jahresberichts	➜ Kosten seither: € 2.500 jährlich ➜ Problem der seitherigen Form: später Erscheinungstermin ➜ Soll Jahresbericht überhaupt beibehalten werden? Ggf: In welcher Form?	
5. Informationen	---	

Diese Form hat für Sie als Moderator/in den Vorteil, dass Sie sich mit der Einladung auch auf Ihre Aufgabe vorbereiten, indem Sie das Beratungsziel, den Ablauf und die erforderlichen Informationen vorbereiten – ergänzt um einen Zeitplan.

Wenn Ihnen die Einteilung in drei Spalten nicht gefällt, können Sie „Information und Beratungsziel" auch unter den Tagesordnungspunkt schreiben und rechts freien Platz lassen für die persönlichen Notizen.

Auch bei einer Spalteneinteilung haben Sie die Möglichkeit, neben den üblichen und notwendigen Angaben zu

- ➜ Zeit,
- ➜ Sitzungsort,
- ➜ Teilnehmerkreis

vorweg noch einige einladend-freundliche Sätze unterzubringen.

Anregungen für die Sitzordnung (s. Seite 51) und für Visualisierungsmöglichkeiten (s. Seite 65) finden Sie in den entsprechenden Kapiteln zu diesen Themen. Ein Leerformular für eine Einladung finden Sie auf Seite 137.

2. Sitzungen zügig leiten

- ➜ **Eröffnen Sie pünktlich.**
  Teilnehmer/innen, die rechtzeitig kommen, sollen nicht bestraft werden. Andererseits: Wer nicht pünktlich kommt, braucht sich nicht entschuldigen. Er oder sie wird ihre Gründe dafür gehabt haben. Mit jedem pünktlichen Beginn nimmt übrigens die generelle Pünktlichkeit zu.
- ➜ Gehen Sie gemeinsam das **Protokoll der letzten Sitzung** daraufhin durch, ob Beschlüsse erledigt wurden: ein Anlass, Danke zu sagen. Stellen Sie gemeinsam fest, was noch nicht erledigt ist und lassen Sie dies im neuen Protokoll festhalten. Wenn Sie das Protokoll kurz durchsprechen, bietet das auch die Möglichkeit, den neuesten Informationsstand für alle herzustellen.
- ➜ Stellen Sie die **Tagesordnung** kurz vor und lassen Sie die Teilnehmer/innen über diese endgültig bestimmen; das ist ihr demokratisches Recht. Gibt es Ergänzungen, Umstellungen oder Streichungen? Einzelne Änderungen und danach die gesamte Tagesordnung bedürfen der formalen Zustimmung des Gremiums.
- ➜ Auf den Punkt **„Verschiedenes"**, der oft viel Zeit braucht und Ärger machen kann, sollten Sie und Ihre Konferenz verzichten. Wenn Sie regelmäßig den Punkt „Informationen" auf der Tagesordnung haben, können Sie hier viel unterbringen. Lassen Sie sich aber bei der Absprache der Tagesordnung die Info-Punkte nennen, weil Sie nur so den Zeitplan kalkulieren können. Häufig sind Punkte, die manche Leute gerne unter „Verschiede-

„Verschiedenes" hat keinen (eigenen) Charakter, ist so gesehen also ein charakterloser Tagesordnungspunkt.

nes" unterbringen möchten, entweder „ausgewachsene" Beratungspunkte – dann gehört ihnen ein fester Platz auf der Tagesordnung – oder sie können bzw. müssen, weil Vorinformationen oder Vorarbeiten fehlen, auf die nächste Sitzung verschoben werden.

- ➜ Sie können jetzt noch mit den Teilnehmer/inne/n das **Ende der Besprechung** festlegen und einen Zeitplan vereinbaren. Wenn es Ihnen hilft, bitten Sie einen Teilnehmer, auf die Zeit zu achten. Wenn sich im Verlauf der Besprechung herausstellt, dass der Zeitplan ins Wanken gerät, dann vereinbaren Sie mit den Teilnehmer/inne/n, wie Sie damit umgehen wollen: Sitzung verlängern oder Tagesordnungspunkte streichen?
- ➜ Und dann kann es losgehen mit dem ersten inhaltlichen Beratungspunkt. Vielleicht kommt es Ihnen jetzt so vor, dass die Einstiegsphase viel Zeit kosten könnte. Das muss sie nicht. In der Regel genügen dafür 15 Minuten. Und die lohnen sich.

3. Ergebnisse (simultan) protokollieren

„Wer schreibt heute das Protokoll?" Das ist eine der gefürchtetsten Fragen. Teilnehmer/innen fürchten sich vor der Arbeit und Verantwortung, Moderator/inn/en fürchten sich vor den abweisenden Gesichtern und den Entschuldigungen: „Ich bin überlastet!" etc. Oft ist es das schwächste Mitglied, das nachgibt und dann frustriert ist, weil es noch weniger mitreden kann. Schade, denn es geht auch anders und einfacher.

Zunächst sollte ein Gremium kurz darüber nachdenken, **wozu das Protokoll dienen soll**:

- ➜ Als Dokumentation der Vereins- bzw. Organisationsgeschichte? Da leisten Zeitungsausschnitte oder Jahresberichte sicher mehr.
- ➜ Als Information für die Nicht-Erschienenen? Das muss nicht geleistet werden ...
- ➜ Als Nachweis dessen, was die einzelnen Mitglieder im Einzelnen gesagt haben? Das schafft kein Protokollant, sondern nur ein gutes Aufnahmegerät ...
- ➜ Um den genauen Verlauf einer Diskussion nachzuzeichnen? Später braucht das eigentlich niemand mehr ...

Protokolle sind in erster Linie Arbeitsinstrumente, die die Effektivität erhöhen.

Oder sollen Sitzungsprotokolle dazu dienen,

- ➜ Beratungsergebnisse, Beschlüsse und Wahlen festzuhalten? – *Dokumentationsfunktion*
- ➜ Arbeits- und Aufgabenverteilung (Wer macht was bis wann?) zu klären? – *Funktion eines Arbeitsinstrumentes*
- ➜ die Erledigung zu kontrollieren? – *Kontrollfunktion.*

Abgesehen von einigen Sonderfällen – z.B. parlamentarischen Gremien – sind Verlaufsprotokolle überflüssig. Außerdem ist es kaum jemandem möglich, Protokolle zu erstellen, die den Verlauf und die Äußerungen der einzelnen Mitglieder präzise wiedergeben. Wir plädieren für Ergebnisprotokolle, weil sie Vorteile bieten:

- ➜ Das Protokoll ist schnell (weil simultan in der Sitzung) erstellt.
- ➜ Jedes Mitglied erhält möglichst bald eine Kopie des Protokolls, das damit zum Arbeitsmittel und zum Kontrollinstrument wird.
- ➜ Der/die Protokollant/in kann mitdiskutieren, weil nur die Ergebnisse festgehalten werden, so wie sie der/die Moderator/in mit der Gruppe zusammenfasst, formuliert und ins Protokoll diktiert.

In ein Protokoll gehören in der Regel (falls Geschäftsordnungen nichts anderes regeln):

- Datum, Zeit und Ort,
- die Zahl der Anwesenden,
- die Namen der Abwesenden,
- die Verhandlungsgegenstände (= Tagesordnungspunkte),
- die Verhandlungsergebnisse einschließlich der Anträge,
- persönliche Erklärungen, die Teilnehmer „zu Protokoll geben" (Protokollanten tun sich leichter, wenn sie in diesem Fall die Betreffenden bitten, ihre Erklärung für das Protokoll selbst aufzuschreiben und an den Protokollanten weiterzureichen).

Als Form hat sich eine **Gliederung in drei Spalten** bewährt:

Erste Spalte: **Tagesordnungspunkt**

Der TOP ist nach links herausgestellt und dadurch hervorgehoben. Beim Blättern in früheren Protokollen vermittelt das einen schnelleren Überblick.

Zweite Spalte: **Ergebnisse bzw. Beschlüsse** in komprimierter Form.

Dritte Spalte: **Erledigung: Wer – bis wann?** (Was zu erledigen ist, steht bereits in der zweiten Spalte). Diese Spalte verhindert sogenannte „Man-sollte"-Beschlüsse. Wenn sich niemand zur Erledigung findet, dann ist – vor allem in Gremien mit Ehrenamtlichen – ein Beschluss eben nicht zustande gekommen. Moderator/inn/en sind nicht dafür da, Beschlüsse zu erledigen.

TOP	Beratungsergebnis/Beschluss	Erledigung: Wer bis wann?
Veröffentlichung des Jahresberichtes	Der Jahresbericht wird auch weiterhin herausgegeben. Er enthält künftig: → Entwicklung des Mitgliederstands → Schwerpunkt-Aktivitäten → Entwicklungstendenzen	Geschäftsführer Müller, jeweils bis zum 31.3. des Jahres
	Zusammenfassung und Erstellung durch:	Frau Maier, bis zum 15.3. des Jahres.

Hintergrund

In dieses Kapitel sind viele Erfahrungen eingeflossen, für die uns Herbert Leger, Industrie-Trainer, Anregungen gegeben hat.

Sie vermissen vielleicht Hinweise zu Geschäftsordnungsfragen. Trifft der Eindruck zu, dass sie heute keine große Rolle mehr spielen? Falls doch: Hinweise finden Sie bei Meier (1987).

Protokoll

des ...

Tag:
Zeit:
Ort:
Anwesend (Zahl):
Abwesend:
Sitzungsleitung:
Protokoll:

TOP	Ergebnis/Beschluss	Erledigung: Wer? Bis wann?

Einladung

zur Sitzung des …	**am:**
	im:
	von **bis** **Uhr**
	Eingeladen:

Liebe …

Mit freundlichen Grüßen

Tagesordnung

TOP	Information und Beratungsziel	Ihre Überlegungen

Workshops und Klausuren – Phasen eines Moderationsaufbaus

An dieser Stelle soll auch einmal der klassische Moderationsaufbau vorgestellt werden, klassisch im Sinne der Erfinder der Moderationsmethode und der Metaplan-Visualisierung. Ein- oder mehrtägige Workshops und Klausuren sind ein möglicher Anlass, weil hier Methodenvielfalt und Kreativität einen Platz beanspruchen und auch mehr Zeit zur Verfügung steht.

Grundmodell des „Moderationsdesigns“

Das Grundmodell des „Moderationsdesigns“ gliedert sich in sechs Phasen:

Phase	Ziel/Ablauf	Methoden
1. Einsteigen	→ Orientierung geben → positiv-konstruktive Atmosphäre schaffen → Abklären der Erwartungen, Regeln festlegen → Abstimmung der gemeinsamen Zielsetzung	→ Einpunkt-Frage (Beispiele S. 80)
2. Sammeln	→ Ausgangspunkt für gemeinsame Arbeit schaffen → Konzentration auf die gemeinsame Zielsetzung → Themen sammeln bzw. → Fragen, Ideen zu einem bereits festliegenden Thema sammeln	→ Kartenabfrage (Beispiel: S. 77)
3. Auswählen	→ Prioritäten setzen	→ Themenspeicher erstellen → Mehrpunkt-Frage
4. Bearbeiten	→ Thema vertiefen → Ursachen analysieren → zu Lösungen/Ergebnissen kommen	→ Kleingruppenarbeit mit „Stillem Moderator“ (vgl. S. 84)
5. Planen	→ Maßnahmenplan erstellen	→ Aktionsplan (vgl. S. 87)
6. Abschließen	→ positiven Ausklang finden	→ Einpunkt-Frage

Diese Grundform wird in vielfacher Weise abgewandelt. Kombiniert mit einem wesentlichen Anliegen dieses Buches – Ziel und Weg mit der Gruppe festzulegen – sieht **eine mögliche Variante** dann so aus:

Phase	Ziele	Methoden
1. Hinführung	→ Einstimmen auf das Thema → positives Klima schaffen	→ Einpunkt-Frage
2. Ziel und Weg festlegen	→ Sicherheit, Klarheit für die Teilnehmer/innen → gemeinsame Verantwortung verdeutlichen	→ Arbeitsgespräch
3. Informationen	→ gemeinsamer Wissensstand	→ mündliche Information oder Präsentation
4. Ideensammlung	→ Aktivieren und motivieren	→ Brainstorming/Zurufabfrage
5. Klärungs- und Arbeitsphase	→ Entscheidung: Was wollen wir durchführen?	→ Mehrpunkt-Frage → Arbeits-/Klärungsgespräch
6. Maßnahmen	→ Endgültige Festlegung und Aufgabenverteilung	→ Aktionsplanung mit einem Arbeitsgespräch → visualisiertes Protokoll
7. Abschluss	→ Stimmungsbild	→ Einpunkt-Frage → Blitzlicht

Achtung: Methodenvielfalt ist kein Wert an sich. Vermeiden Sie Methodenmüdigkeit, die sich z.B. bei wiederholtem Einsatz von Kartenabfragen ergibt. Ein guter methodischer Impuls genügt oft für eine längere intensive Arbeitsphase.

Hintergrund

Seifert (1989; 1994) orientiert sich stark am klassischen Moderationsaufbau.

Die praktischen Beispiele bei Kleber, Schrader & Straub (1987) zeigen, dass eine größere Bandbreite und Variabilität beim Moderationsablauf möglich ist.

Konfliktmoderation

Konfliktgespräche sind eine lebendige Kommunikation zwischen mehreren Akteuren und laufen nicht nach einem festen Schema ab. Die im Folgenden dargestellten Phasen können sich deshalb verschieben, wiederholen oder nur teilweise entfallen.

Phase	Ablauf	Worauf in der Kommunikation achten?
Vorphase	Zeit und Raum schaffen für ein Konfliktgespräch, evt. Distanz zum auslösenden Ereignis herstellen. Vereinbarung schließen: ob, wann, wo, wie eine Konfliktbearbeitung stattfinden soll.	Konfliktpartner nicht überfallen
Einstieg	Als Moderator/in: ➜ eigene Rolle, ggf. Rollenwechsel (z.B. Chef-Moderator) erklären ➜ den Moderationsstil erläutern Vereinbarungen treffen: ➜ Regeln und Stil heute	vgl. Anregungen im Kap. „Schwierige Situationen" (S. 111) Einverständnis einholen
Problemdefinition (Identifikation des Konflikts)	Offen ansprechen: Es existiert ein Konflikt (also eine Differenz, die mindestens für eine Seite eine Beeinträchtigung darstellt). Jede Seite stellt dar: ➜ ihre Position, ihre Sicht, ➜ die für sie zugrunde liegenden Interessen, Anliegen (= Hintergrund). Den Gegenstand des Konflikts klären, „einengen": ➜ Bis wohin sind Sie sich einig? ➜ Wo liegt die Differenz? Soweit nötig: ➜ Offene Fragen beantworten, Missverständnisse klären ➜ Klären: Was kann hier bearbeitet werden, was nicht?	ungestörtes Zuhören, keine Unterbrechungen Akzeptanz der Sichtweisen der anderen Seite (das bedeutet nicht: Zustimmung) von Bewertungen absehen

Phase	Ablauf	Worauf in der Kommunkation achten?
Verhandlung und Klärung	Lösungsmöglichkeiten sammeln, ggf. konkretisieren. Dabei alle Seiten zum Zug kommen lassen. Lösungsvorschläge kritisch befragen: Was spricht für, was spricht gegen die jeweilige Lösung?	keine rückwärts-gewandte Ursachenforschung Lösungs- und zukunftsorientiert vorgehen Vorschläge nicht herabsetzen und abwerten
Entscheidung	Eine Einstiegsfrage hierfür kann sein: „Wo stehen wir jetzt? Welche Tendenz ergibt sich aus der seitherigen Diskussion?" Eine Lösung anstreben, die allen Interessen gerecht wird. Dabei gibt es selten die „beste" Lösung. Anzustreben ist eine Lösung, die „gut genug" ist und keine Seite zum Verlierer macht. Wege/Ansätze für Lösungen, die beide Seiten akzeptieren können, sind u.a.: ➜ additive Lösungen: „Sowohl ... als auch ..." ➜ Lösungen auf Probe ➜ Kompromiss	Scheinlösungen vermeiden
Realisierung	Das gemeinsame Ergebnis wörtlich (schriftlich) fixieren – Einverständnis aller erfragen und einholen. Dabei festhalten: Wer macht was, bis wann? Wer kontrolllert?	
Schluss	Positiver Abschluss: gegenseitiger Dank, Anerkennung	

Literatur

Argyle, M.: *Soziale Interaktion.* Köln: Kiepenheuer & Witsch, 1972.

Baumgärtner, I.; Häfele, W.; Schwarz, M. & Sohm, K.: *OE-Prozesse. Die Prinzipien systemischer Organisationsentwicklung.* Bern; Stuttgart; Wien: Haupt, 1996 (4.Aufl.).

Berne, E.: *Spiele der Erwachsenen. Psychologie der menschlichen Beziehungen.* Reinbek: Rowohlt, 1974 (6.Aufl.)

Berne, E.: *Struktur und Dynamik von Organisationen und Gruppen.* Frankfurt: dtv, 1986.

Beuke-Galm, M.: Über die Bedeutung von Dialog in einer „lernenden Organisation" in: *Organisationsentwicklung* 1/2001.

Böning, U.: *Moderieren mit System. Besprechungen effizient steuern.* Wiesbaden: Gabler, 1994 (2.Aufl.).

Bohm, D.: *Der Dialog. Das offene Gespräch am Ende der Diskussionen.* Stuttgart: Klett-Cotta, 1998.

Brocher, T.: *Gruppendynamik und Erwachsenenbildung.* Braunschweig: Westermann, 1967.

Cohn, R.: *Von der Psychoanalyse zur Themenzentrierten Interaktion.* Stuttgart:Klett-Cotta, 1975.

Dantscher, R.: *Arbeitsmaterial für Gruppenarbeit.* Gelnhausen, 1975.

Francis, D.; Young, D.: *Mehr Erfolg im Team.* Hamburg: Windmühle, 1989 (3. Aufl.).

French, J.R.P.; Raven, B.H.: The basis of social power. In: D.Cartwrith (Ed.): *Studies in social power.* Michigan: Ann Arbor, 1959.

Gäde, E.-G.; Listing, S.: *Sitzungen effektiv leiten und kreativ gestalten.* Ein Arbeitsbuch für Leiterinnen und Leiter von Konferenzen und Besprechungen. Mainz: Matthias-Grünewald, 1996.

Geißner, H.: Formen des Gesprächs. Didaktik der rhetorischen Kommunikation. Ein Kursmodell. In: H. Geißner: *Rhetorik und politische Bildung.* Königstein: Skriptor, 1981 (2. Aufl.), S. 37-72.

Glasl, F.: *Konfliktmanagement.* Bern: Haupt, 1992 (3.Aufl.).

Gordon, Th.: *Managerkonferenz.* Reinbek: Rowohlt, 1982.

Hagehülsmann, H.; Hagehülsmann U.: *Der Mensch im Spannungsfeld seiner Organisation. Transaktionsanalyse in Managementtraining, Coaching, Team- und Personalentwicklung.* Paderborn: Junfermann, 1998

Hartkemeyer, M. & J.F. & Freeman Dhority, L.: *Miteinander denken. Das Geheimnis des Dialogs.* Stuttgart: Klett-Cotta, 1998.

Heintel, P.; Krainz, E.E.: *Projektmanagement. Eine Antwort auf die Hierarchiekrise?* Wiesbaden: Gabler, 1988.

Kälin, K.; Müri, P. (Hrsg.): *Führen mit Kopf und Herz. Psychologie für Führungskräfte und Mitarbeiter.* Thun: Ott, 1995 (4. Aufl.).

Kirckhoff, M.: Mind Mapping. *Die Synthese von sprachlichem und bildhaftem Denken.* Bremen: Gabal, 1993 (8. Aufl.).

Klages, H.: *Wertedynamik. Über die Wandelbarkeit des Selbstverständlichen.* Zürich, Osnabrück: Fromm, 1988.

Klebert, K.; Schrader, E. & Straub, W.G.: *KurzModeration.* Hamburg: Windmühle, 1987 (2. Aufl.).
König, O.: *Macht in Gruppen. Gruppendynamische Prozesse und Interventionen.* München: Pfeiffer, 1998 (2.Aufl.).
Langmaak, B.; Braune-Krikau, M: *Wie die Gruppe laufen lernt.* München: Psychologieverlagsunion, 1989.
Mandl, C.: Dialogos oder eine Collage über Team-Lernen. In: *Organisationsentwicklung* 4/1996, S. 32-45.
Maslow, A.H.: *Motivation and personality.* New York: Harper, 1954 (2. Aufl. 1970).
Meier, H.: *Zur Geschäftsordnung. Technik und Taktik bei Versammlungen, Sitzungen und Diskussionen.* Opladen: Leske & Budrich, 1987.
Müller, P.: *Methoden in der kirchlichen Erwachsenenbildung.* München: Kösel, 1982.
Myhsok, A.D: *Gesprächsgruppen in Organisationen. Gründe für Erfolg und Misserfolg.* Konstanz: Hartung-Gorre, 1993.
Neidhardt, F.: Das innere System sozialer Gruppen. In: *KZSS 31,* 1979, S. 639-660.
Neidhardt, F.: Innere Prozesse und Außenweltbedingungen sozialer Gruppen. In: *B. Schäfers (Hrsg.): Einführung in die Gruppensoziologie.* Heidelberg: Quelle & Meyer, 1980, S. 105-126.
Neuberger, O.: *Führung: Ideologie – Struktur – Verhalten.* Stuttgart: Enke, 1985 (2. Aufl.).
Petersen, H.-Chr.: *Open Space in Aktion. Kommunikation ohne Grenzen. Die neue Konferenzmethode für Klein- und Großgruppen.* Paderborn: Junfermann, 2000.
Redlich, A.: *KonfliktModeration.* Hamburg: Windmühle, 1997.
Risto, K.-H.: *Konflikte lösen mit System. Mediation mit Methoden der Transaktionsanalyse.* Paderborn: Junfermann, 2003.
Rogoll, R.: *Nimm dich, wie du bist.* Freiburg: Herder, 1994 (5. Aufl.).
Seifert, J.W.: *Moderation & Kommunikation.* Offenbach: Gabal, 1999.
Seifert, J.W.: *Besprechungsmoderation.* Bremen: Gabal, 1994.
Senge, P.M.: *Die fünfte Disziplin. Kunst und Praxis der lernenden Organisation.* Stuttgart: Klett-Cotta, 1996.
Siebert, H.: *Methoden für die Bildungsarbeit.* Bielefeld: Bertelsmann, 2006 (2. Aufl.).
Steiner, C.: *Emotionale Kompetenz.* München: dtv, 2001 (3. Aufl.).
Stewart, I.; Joines, V.: *Die Transaktionsanalyse.* Freiburg: Herder, 1996 (6. Aufl.).
Tuckman, B.: Developmental sequence in Small Groups. In: *Psychological Bulletin,* 63, S. 384-399.
Voigt, B: Team und Teamentwicklung. In: *Organisationsentwicklung* 3/1993, S. 34-49.
Wohlgemuth, A.C. (Hrsg.): *Moderation in Organisationen. Problemlösungsmethode für Führungsleute und Berater.* Bern; Stuttgart; Wien: Haupt, 1993.
Zink, K.J.; Schick, G.: *Quality Circles.* Bd. 1 Grundlagen. München: Hanser, 1987, (2. Aufl.).